Renate Metzger-Breitenfellner / Jutta Vogel

«Das Leben kann nicht warten»

Junge Frauen aus Srebrenica.
Neun Porträts.

DON'T
FORGET SREBRENICA

Wir danken folgenden Institutionen, die unser Projekt und den Druck des Buches finanziell unterstützt haben:

Kanton Luzern, Kanton Nidwalden, Paul Grüninger Stiftung, Migros Kulturprozent, Kulturstiftung Winterthur, Jubiläumsstiftung der Zürich Versicherungsgruppe, Stiftung Dr. Robert und Lina Thyll-Dürr, Politische Abteilung V des EDA, Frauenkommission der Evangelisch-Reformierten Kirche des Kantons Luzern und Evangelisch-Reformierte Kirche Nidwalden

Stadt Luzern
FUKA-Fonds

CARITAS

Bibliografische Information Der Deutschen Bibliothek
Die Deutsche Bibliothek verzeichnet diese Publikation in der deutschen Nationalbibliografie; detaillierte bibliografische Angaben sind im Internet über http://dnb.ddb.de abrufbar.

Texte Porträts: Renate Metzger-Breitenfellner, Beckenried
Fotos Umschlag und Inhalt: Jutta Vogel, Luzern
Lektorat: Markus Kappeler, Emmen
Layout: Luisa Grünenfelder, Luzern
Gesamtherstellung: Brunner AG, Druck und Medien, Kriens

ISBN 10: 3-7252-0825-5
ISBN 13: 978-3-7252-0825-8

Inhalt

Vorwort

«Srebrenica». Das ist ein schöner Name, eine weibliche Ableitung des Wortes Silber*. Die Ortschaft Srebrenica und ihre Umgebung waren während der Herrschaft der Osmanen auf dem Balkan berühmt für den Abbau von Edelmetallen. Sultan Mehmed Fatih, der erste osmanische Eroberer Bosniens im fünfzehnten Jahrhundert, hatte ein offenes Herz für die Franziskaner. Die Mönche dieses Ordens erhielten eine Genehmigung des Sultans – die sogenannte Ahtnama-Urkunde –, die ihnen die Sicherheit garantierte und ihnen gleichzeitig erlaubte, sich im Land Bosnien frei zu bewegen, wobei sie sowohl ihren geistlichen als auch ihren wirtschaftlichen Beschäftigungen nachgehen durften. In Srebrenica bauten sie eine Silbermine – und brachten den slawischen Einheimischen Bergbau und Handwerk bei.

Die bosnische Bevölkerung der Moderne kann ihre Vorfahren nur beneiden um ihr Geschick, im tiefen Mittelalter dieses friedliche Miteinander der Kulturen und Religionen gelebt und gemeistert zu haben. Am Ende des zwanzigsten Jahrhunderts ist der Edelklang des Wortes «Srebrenica» wohl für immer verstummt. Dieser Name steht heute für das größte Verbrechen an unschuldigen Zivilisten in Europa, das nach dem Zweiten Weltkrieg bekannt geworden ist.

Alles, was das Lebewesen «Mensch» fähig ist, seinem eigenen Geschlecht anzutun, geschah von 1992 bis 1995 sowohl in Srebrenica als auch in ganz Bosnien und Herzegowina direkt vor den Augen der sogenannten zivi-

lisierten Weltöffentlichkeit. Viele Gräueltaten wurden durch die Medien live in deren Wohnzimmer übertragen. Beim Lesen der Dokumentation «Die letzen Tage von Srebrenica» des amerikanischen Journalisten David Rohde oder des Tagebuches «Meine Mission» von Richard Holbrooke, dem amerikanischen Unterhändler des Friedensabkommens von Dayton, begreift man das ganze Ausmaß der Gleichgültigkeit und Verlogenheit der Weltmächte und ihrer Politiker. Jeder, der auf der politischen Weltszene dieser Zeit etwas zu sagen hatte, versuchte sein eigenes Süppchen auf dem Feuer der Tragödie Bosniens zu kochen – und alle lehnten es dabei ab, diesen Völkermord auf europäischem Boden wahrzunehmen.
Zehn Jahre, nachdem die Mörder in Srebrenica ein Massaker veranstaltet hatten, gestanden die Neumächtigen zusammen mit einigen Verflossenen die Fehler der damaligen Politik ein. Im Jahr 2005 scharten sie sich unter den Scheinwerfern der westlichen Medien auf dem Gelände des Memorialzentrums in Potočari, hielten ihre Reden, in denen sie den Verbliebenen ihr Mitleid und Bedauern ausdrücken wollten und ihnen alle erdenkliche und jede vorstellbare Hilfe beim Wiederaufbau versprachen. Sie verneigten sich vor den Tausenden von Opfern, sie drohten den Kriegsverbrechern mit dem Gericht in Den Haag – und gingen weg. Auch diesmal war ihr Verhalten weder ehrlich noch überzeugend. Srebrenicas Bevölkerung – sowohl diejenigen Menschen, die dort während des Krieges ausgeharrt hatten, als auch jene, die zurückgekehrt waren – blieb in dieser Ortschaft des Grauens allein gelassen zurück mit ihren Alpträumen aus der Vergangenheit und dem täglichen Kampf um das nackte Überleben.
Den Alltag in einer verwüsteten Umgebung bewältigen die Frauen – weil die Männer entweder umgekommen sind oder sich vor den Problemen drücken. Bosnische Frauen! Was hat sie so zäh und so opferbereit gemacht?! Wahrscheinlich war es gerade das jahrelange und unsichere Dasein im Pulverfass Balkan. Es ist ja nicht das erste Mal in der Geschichte, dass sie nach einem blutigen Austoben der Männer die verbrannte Erde wieder beleben müssen. Aber sie selbst, egal ob sie islamisch, christlich oder atheistisch orientiert sind, haben keine Geschichte. Im Landesarchiv in Sarajevo kann man bis 1945 keine weiblichen Namen finden – weder unter den Beamten der Regierung noch unter den Angestellten der Institutionen. Es gab ein paar Lehrerinnen, meistens ausländischer Herkunft,

deren Ruf immer zweifelhaft war. Sie waren am Ende des neunzehnten Jahrhunderts nach Bosnien gekommen, als die österreichisch-ungarische Monarchie, die damalige Herrscherin Bosniens, die allgemeine Schulpflicht für Kinder einführen wollte. Weil aber zu wenig einheimische Lehrpersonen vorhanden waren, wurden diese aus anderen Ländern, aus dem heutigen Kroatien, Tschechien, der Slowakei und Österreich, importiert – darunter auch einige Lehrerinnen, meist «alleinstehende Fräulein». Von den Männern wurden sie als «Freiwild» betrachtet, die Frauen empfanden sie als eine Bedrohung der alten Werte und der Familien.

Die kommunistische Ära begann 1945 in Bosnien mit nur etwa 3000 schriftkundigen Frauen. Trotz der guten Ausbildung in den folgenden 45 Jahren des Friedens erlangten sie wenig für sich selbst; ihre Fähigkeit, sich im Namen der eigenen Emanzipation zu organisieren und ihr Schicksal in die eigenen Hände zu nehmen, blieb unentwickelt. Sie arbeiteten immer für die anderen. Diese Tradition wiederholt sich, viele Jahrzehnte später, im gesamten Land, auch in Srebrenica.

Die Autorinnen des Buches «Das Leben kann nicht warten. Junge Frauen aus Srebrenica», die Journalistin Renate Metzger-Breitenfellner und die Fotografin Jutta Vogel, reisten mehrfach durch Ostbosnien. Mit ihrem Engagement, mit ihren Texten und Bildern haben sie den Kampf gegen das Vergessen und das Verdrängen aufgenommen. Ihre Art und Weise, wie sie mit den jungen Frauen umgegangen sind, wie sie sie ermutigt haben, sich zu öffnen und über sich zu berichten, sind beeindruckend und tief berührend. Es ist ihnen gelungen – trotz der sprachlichen Barrieren – die Mentalität der Menschen in Srebrenica zu erfassen und die Atmosphäre, die heute dort herrscht, in diesem Buch plastisch darzustellen. Ihre Kenntnisse über die Umgebung vor dem Krieg oder über die jetzige politische Lage lassen sie zwischen den Zeilen einfließen, um die Monologe ihrer Heldinnen noch eindrucksvoller zu machen. Die jungen Frauen, «die irgendwo aus Europa kommen könnten», erzählen davon, wie sich das Leben «zehn Jahre danach» abspielt, erzählen von ihren Träumen für die Zukunft, ihren Enttäuschungen in der Gegenwart und von ihrer Art, mit der Vergangenheit fertig zu werden.

Sowohl in den Frauenstimmen – egal welche Frau sprach, ob Zemka, Džemka, Azra oder Mirjana – als auch in den Zwischenzeilen der Autorin erkenne ich wieder und wieder das alte Verhaltensmuster der Frauen, wie ich es schon in meiner Jugend erlebt hatte. Einmal mehr ist mir vollkommen klar geworden, wie wenig Selbstbewusstsein die junge Generation von uns Vorgängerinnen erben konnte. Das Recht auf Ausbildung und Beruf hat meine Generation zwar mehr oder weniger mühsam erkämpft und diese Errungenschaft haben wir auch an unsere Töchter weitergegeben. Leider ist es uns nicht gelungen, unser Schicksal auf dem gesellschaftlichen Niveau zu reflektieren und die Forderungen der Familie an uns Frauen ein bisschen zu reduzieren. Den jungen Frauen wurde die Selbstopferung in die Wiege gelegt. Ihre Großmütter und Mütter wie andere ältere Frauen in der Familie sind großartige Manipulatorinnen, die es immer schaffen, die Entwicklung eines gesunden Egoismus bei ihren Töchtern zu unterdrücken. In jedem Monolog bestätigt sich der alte Spruch: «Die Frauen sind die besten Hüterinnen von Tradition und Bräuchen.»

Adina Purković ist 24 Jahre jung, ein Mädchen mit gesundem Verstand und analytischem Geist. Sie behauptet empört: «*Die* bosnischen Frauen gibt es nicht.» Adina hat in einem Recht: Das Kopftuch spielt kaum eine Rolle im Leben der bosnischen Frauen – und natürlich sind bosnische Frauen genau so unterschiedlich wie alle anderen Frauen auf dieser Welt auch. Trotzdem: Adina handelt wie die Mehrzahl ihrer Zeitgenossinnen in Bosnien und Herzegowina: In Tuzla ist sie eine ausgezeichnete Jura-Studentin, aber sobald ihr Vater ihre Hilfe in seinem Geschäft braucht, ist sie bereit, die Rolle von Putzfrau und Dienstmädchen zu übernehmen. Adina hat das Glück, einen toleranten Vater zu haben, der sich während des Krieges für das Überleben seiner Mitmenschen eingesetzt hat und der im Juli 1995 dank seiner guten Beziehungen zu internationalen Organisationen in allerletzter Minute der Hinrichtung entkommen ist. Aber viele Mädchen haben keinen toleranten oder überhaupt keinen Vater. Es gibt keine Schonung für bosnische Frauen! Können und Kennen müssen umfangreich sein, eine breite Palette, die von der Versorgung der ganzen Familie über die Unterstützung der Eltern bis zu einem ausgezeichneten Studienabschluss reicht – wobei in den allermeisten Fällen keine Dankbarkeit zu erwarten ist.

Das gilt auch für Fatima Sejfić: Sie ist eine junge Frau, die «wie ein Gast im eigenen Haus, fast ein wenig fremd in dieser Umgebung» beschrieben wird. «Aber Fatima ist Köchin im Restaurant ‹Misirlije› am Ende des Dorfes... Jetzt sorgt sie gemeinsam mit ihrem Bruder für die große Familie. Speziell dankbar scheint diese dafür nicht zu sein. Die Mutter behandelt die Tochter sehr kühl und distanziert.»

Die Autorinnen haben die jungen Frauen in Srebrenica mehrmals besucht, um ein vollständiges Bild von ihnen und ihrer Situation schaffen zu können, das letzte Mal tief im Herbst, fast ein halbes Jahr nach der großen Gedenkfeier, die Anfang Juli 2005 stattgefunden hatte. Beim Lesen hat man das Gefühl, in ihrem Geländewagen mitgefahren zu sein und alles mit eigenen Augen gesehen zu haben: kaputte Straßen mit vielen Kurven, Wälder, in denen noch immer Tausende Minen verscharrt liegen, Ruinen von verlassenen Häusern, deren einstige Bewohnerinnen und Bewohner nie zurückkehren werden, weil sie entweder im Krieg umgekommen oder längst ausgewandert sind. Sie beschreiben aber auch umliegende Dörfer, abgelegene Ortschaften und einsame Bauernhöfe, in die Leben zurückgekehrt ist.

Die Atmosphäre in jeder Familie ist einzigartig – und trotzdem stimmen die Geschichten teilweise überein, gleichen sich die Schicksale. Wer war das, die klagte: «Wenn wir Geld hätten... Wir führen ein mühsames Leben.» Mirjana oder Džemka? Eine Arbeitsstelle zu erhalten – auch für wenig Lohn und ohne Sozialversicherungen – bedeutet in Bosnien und Herzegowina und speziell in Srebrenica «viel Glück zu haben». Einen Job zu haben wäre das ganze Glück für Mirjana, eine Serbin, die im Stadtzentrum wohnt und eine Tochter hat, einen Job zu haben ist ein Wunder für Azra, die in einem Haus ohne Strom und Leitungswasser ihre dritte Tochter bekam, während sich ihr Gatte doch so sehr nach einem Sohn gesehnt hatte.

Die Leserinnen und Leser können beinahe Mirjanas Schrei hören: «Lasst mich in Ruhe mit euren Fragen über das Geschehene, ich will alles vergessen!» Sie will keine Verantwortung für Umbrüche in der Geschichte übernehmen: «Ich will mein eigenes Zuhause bauen und meiner Tochter eine gute Ausbildung ermöglichen!» Gleichzeitig läuft den Lesenden ein Schauer über den Rücken, wenn sie die leise Stimme von Zemka Zilić vernehmen: «Als sie uns aus Srebrenica deportieren wollten, ging ich zum Bach, um Wasser zu holen.» Aber dort floss eine rote Brühe, Wasser vermischt mit dem Blut der Männer, die Mladićs Soldaten weiter oben erschossen hatten. Diese Frauen haben keine andere Wahl: Sie müssen sich Sicherheit in einer großen Familie suchen, egal, was das kostet, sie müssen sich durch Verdrängen vor der Vergangenheit schützen, sich selbst der Gegenwart als Opfer darbringen, um diese Zone des Schreckens wiederzubeleben. Sie gebären und ziehen ihre Kinder groß, sie meistern alle Herausforderungen des Alltags – unabhängig davon, ob ein Mann da ist oder nicht. «Ich liebe meinen Mann», damit überzeugen sie sich selbst, wenn sie einen haben, aber sie erwarten nicht viel Hilfe von ihm. Es ist schon gut, wenn sie keine Schläge bekommen.

Doch all diese Frauen träumen einen großen Traum: Sie wollen ihren Kindern das geben, was ihnen selbst durch die Familienumstände, durch die Wucht des Nationalismus weggenommen worden ist. Das Buch «Das Leben kann nicht warten. Junge Frauen aus Srebrenica» ist ein Beleg ihres Kampfes, ein Buch, das Politiker, Öffentlichkeit, Bürger und Bürgerinnen Europas an ihr einstiges Versagen und Versprechen erinnert, ein Buch, das fast darum fleht, diese Frauen nicht erneut zu vergessen und im Stich zu lassen. Die Frauen von Srebrenica, die den Mut haben, auf einer verbrannten Erde, die nach dem Völkermord noch immer wie eine Wunde auf dem Boden des alten Kontinents klafft, das neue Leben zu säen.

Safeta Obhodjas
Wuppertal, im August 2006

*Silber heißt auf Bosnisch «srebro»; deshalb können wir den Namen «Srebrenica» als «Silberne Stadt» ins Deutsche übersetzen.

Zemka Zilić, Sjedaće

«Der Alptraum geht weiter»

«Ich liebe meinen Mann.» Die Worte passen nicht zum Gesicht, nicht zur Körperhaltung, zur Spannung, die in der Luft liegt. Der Ton scheint das Gesagte Lügen zu strafen, die Augen nehmen zurück, was der Mund preisgibt. «Ich liebe meinen Mann.» Nicht Zärtlichkeit schwingt mit, sondern Verachtung, Bitterkeit, Enttäuschung. Zemka Zilić sitzt auf der Wiese hinter dem Haus in Sjedaće, es ist Frühling, die Sonne scheint, der Stausee Perućačko Jezero liegt tief unten, blau in der Sonne, grün im Schatten. Im Schatten des serbischen Hügels, der serbischen Bäume. Er bildet die Grenze. Ihr müsst im Sommer wiederkommen, sagt Zemka, sagen alle in Sjedaće. Im Sommer, wenn wir am See picknicken, wenn das Wasser warm ist, wenn wir schwimmen gehen, angeln – und dann die Fische über dem offenen Feuer braten. Wenn auch trockenes Brot gut schmeckt, wenn wir die Freizeit genießen.

Doch jetzt ist nicht Sommer, sondern Frühling. Die ganze Familie ist versammelt: Halid, Zemkas Ehemann, seine beiden jüngeren Brüder, deren Frauen, die Kinder, ein drei oder vier Monate altes Baby, unterernährt und schneeweiß im Gesicht, mit eiskalten Händen und Füßen, spitzer blauer Nase, die Mutter selbst noch ein Kind, knapp 14 Jahre alt. Sie ist scheu und zurückgezogen, überfordert mit der Situation, überfordert von Armut und Tochter und Ehemann, überfordert davon, als Kind Mutter geworden zu sein, der Jugend beraubt. Drei schmucke Holzhäuser stehen nebeneinander, aufgebaut von der österreichischen Hilfsorganisation «Bauern helfen

Bauern», daneben die ganz neuen, die «richtigen» Häuser, noch im Rohbau, unvollendet, aber bewohnt. Ein Dach über dem Kopf, immerhin, eine Ahnung von Normalität. Dahinter jedoch hört die Idylle auf, erinnern die Ruinen der früheren Wohnhäuser an den Krieg – und an all das, was vorher war, was niemals wieder sein wird.

Vor dem Krieg mussten wir für das Haus und die Kinder sorgen. Seit dem Krieg sorgen wir für das Haus, die Kinder und die Männer, das Feld und das Vieh. Und wieder der Blick zur Seite, zu Halid und seinen Brüdern, die dasitzen, in einiger Entfernung, untätig, in abgetragenen Hosen, in Gummistiefeln, schlecht rasiert. Sie rauchen, sagen nichts, grinsen verlegen, hören nicht gerne, was über sie geredet wird. Sie verstehen nicht genau, was Zemka sagt, sie spricht nicht laut, doch sie hören Wortfetzen, unvollständige Satzteile. Und sie sehen die abschätzige Handbewegung, das Kopfschütteln, sie hören den Tonfall, das bittere Lachen zwischen den Worten, sie spüren die Trostlosigkeit, die in den Aussagen der jungen Frau mitschwingt. 32 Jahre ist sie alt – und sie muss einmal sehr schön gewesen sein. Sie ist immer noch schön, wenn sie lacht, gestikuliert, erzählt. Vom Sommer, vom Picknick, von unbeschwerten Stunden am See ...

Immerhin liefert dieser See jetzt schon Fische, die gebraten und geräuchert werden können, die dann gegessen werden, wenn das Mehl knapp wird, wenn kein Geld da ist, um Lebensmittel zu kaufen. Es ist Frühling, die Zeit des Säens und Pflanzens, damit im Sommer und Herbst geerntet werden kann, damit die Familien die karge Jahreszeit überstehen, den langen, harten, kalten Winter. Doch jetzt sind die Männer nicht auf dem Feld, nicht dabei, die Schäden zu reparieren, die der viele Schnee an Stall und Haus angerichtet hat, nicht damit beschäftigt, das Land zu roden, für die Aussaat vorzubereiten. Sie sitzen in der wärmenden Sonne vor dem Haus, lassen sich von Zemka und ihren Schwägerinnen Kaffee servieren, sie witzeln, tuscheln, lachen. Es ist kein fröhliches Lachen. Halid, Zemkas Ehemann, zeigt auf die Ruinen, sagt, dass sie nicht abgerissen werden können, vielleicht vermint sind. Wer weiß ... Er und seine Brüder scheinen diese Tatsache hinzunehmen wie so vieles andere auch, sie wirken lethargisch, phlegmatisch, ohne Energie, Antrieb, Lebensfreude. Sie beklagen ihr Schicksal, den Krieg, die schwierige Wirtschaftslage, die Tatsache, dass es nicht aufwärtsgeht in Bosnien und Herzegowina, dass

keine Besserung in Sicht ist, dass sie ein Leben ohne Perspektive führen, führen müssen.
Es ist sicher nicht einfach, neben diesen Ruinen ein neues Leben aufzubauen. Ein neues nach dem alten Leben. Die Überreste der Häuser erinnern täglich an bessere Zeiten, an früher, als Halid und seine Brüder noch nicht dazu verdammt waren, als Bauern die Familie zu versorgen, als sie Arbeit hatten, drüben, auf der anderen Seite des Sees, in Serbien, das damals noch zu Jugoslawien gehörte. Zimmermann war Halid vor dem Krieg, solider Arbeiter mit monatlichem Einkommen, geregelten Arbeitszeiten, mit freien Wochenenden, relativem Wohlstand, mit Haus und Frau und Kind. Damals, als alles noch friedlich war, sozialistisch, gut. Als Gesundheits- und Bildungssystem reibungslos funktionierten, als die Erwerbslosigkeit nicht bei 80 Prozent lag wie heute, als Srebrenica eine der reichsten Städte Jugoslawiens war, die Bergwerksstadt, die Silberstadt, mit florierenden Unternehmen rundherum, mit Holz- und Möbelfabriken, mit Industrie und ... mit asphaltierten Straßen, die mühelos befahren werden konnten.
Damals, als für alle unvorstellbar war, was später passieren sollte, weil muslimische, orthodoxe und katholische Menschen miteinander lebten in einem System, in dem die Religion keine Rolle spielte, keine Rolle spielen durfte. Wer im sozialistischen Staat ein Amt bekleidete, durfte sich nicht als religiöser Mensch outen, ging nicht zur Kirche. Und offiziell war nicht bekannt, wer kroatisch, serbisch oder bosniakisch war. Natürlich wussten die Menschen voneinander, wer welcher Ethnie angehörte, welcher Religion. Das war erkennbar an den Vornamen, an der Bauweise der Häuser, daran, wer wann fastete, Feste feierte, Gäste empfing; es wurde auch sichtbar daran, wie und wo die Toten beerdigt wurden. Dieses Wissen aber führte nicht zu Misstrauen oder Feindschaften – und schon gar nicht zu Hass, Mord und Totschlag.
Bis 1992 der Krieg ausbrach. Nach vier Jahren Krieg – und vor allem nach dem Massaker von Srebrenica, damals, im Juli 1995, als die holländischen Blauhelme die UNO-Schutzzone nicht mehr verteidigen konnten, als serbische Nationalisten ungefähr 10 000 bosniakische Männer ermordeten und die Leichen in Massengräbern verscharrten – stieg die Zahl der Toten rapide an, wuchs die Zahl der Gräber, der Friedhöfe. Auf dem Weg nach Sjedaće, an der Abzweigung, dort, wo die asphaltierte Hauptstraße endet

und die Schotterstraße beginnt, ist vor kurzem auch ein neuer Friedhof angelegt worden. Muslimische Grabstelen erinnern hier an die Männer aus dem Dorf, die im Krieg ums Leben gekommen sind. Hier oder in den Hügeln rundherum, in den Wäldern der Gegend, im Kampf oder auf der Flucht, hinterrücks erschossen oder von Handgranaten zerfetzt.
Jetzt, im Frühling, ist die Schotterstraße nach Osat und Sjedaće in schlechtem Zustand, bis zum Haus von Zemka und Halid benötigen wir mit dem Privatauto von der Stadt Srebrenica aus etwa 40 Minuten. Zemka und Halid haben kein Auto. Wenn sie in die Stadt wollen zum Arzt, zum Einkaufen, ins Sozialamt oder ins Gemeindehaus, müssen sie den Schulbus nehmen. Zweimal täglich hält er in der Nähe des Hauses, zehn Euro zahlen sie für den Hin- und Rückweg. Zehn Euro, die zuerst verdient sein wollen mit Gelegenheitsarbeiten bei irgendwelchen Nachbarn – wobei die Distanz zur Nachbarschaft in Kilometern gemessen wird, hier, wo die Gegend dünn besiedelt ist, wo in den Wäldern teilweise Bären und Wölfe hausen, wilde Hunde ihr Unwesen treiben. Zehn Euro, die sie selten haben, weil Nachbarschaftshilfe oft mit Gegenleistung bezahlt wird, wenn überhaupt; oder mit Naturalien – und in den meisten Fällen nicht mit Geld.
Hilfe könnten auch Zemka und ihre Familie brauchen, jetzt, wenn die Felder bewirtschaftet werden sollen. Felder, die sich an den Hang schmiegen, die mit Schaufel und Harke bestellt werden. Eine Fräse würde uns sehr helfen, sagt Zemka, und dass sie mühsam sei, die Arbeit auf dem Land. Eine Arbeit, die ihr Mann und seine Brüder nicht gelernt haben, die ihnen vom Schicksal aufgezwungen worden ist, die sie nicht lieben, aber trotzdem machen müssen. Lieber wäre Halid Zimmermann geblieben, hätte eine Stelle in einer Zimmerei. Stolz zeigt er auf den Stall und das Waschhaus, das hat er selbst gebaut, aus Holz, zimmern, das kann er, das macht er gerne. Aber jetzt ist er nicht Zimmermann, sondern Bauer. Erwerbslos, ohne Job und Einkommen. Selbstversorger. Kartoffeln und Mais bauen Zemka und Halid an, sie ernten Äpfel, Birnen, Zwetschgen und Feigen von den Bäumen, die rund ums Haus stehen, sie brennen Schnaps, verarbeiten das Obst zu Konfitüre, trocknen die Früchte und legen Vorräte an. Und dann haben sie ja noch die Tiere, ebenfalls ein Geschenk von außen, Garant fürs Überleben, Hilfe zur Selbsthilfe: die Kuh, die Milch gibt, die

dann zu Butter und Käse verarbeitet werden kann, einige Ziegen, etliche Hühner, zwei Kaninchen.

Dass die Hilfsorganisation nicht nur für das Dach über dem Kopf sorgt, sondern auch dafür, dass unter diesem Dach ein einigermaßen lebenswertes Leben möglich ist, ist ein Segen für Zemka, Halid, den zwölfjährigen Alen und seinen drei Jahre jüngeren Bruder Aldin – nährt aber gleichzeitig den Neid all jener, die nichts erhalten haben, die auch nie etwas bekommen werden, weil sie die Hilfskriterien nicht erfüllen. Diese Menschen schimpfen über jene, die regelmäßig besucht werden, immer wieder Geld bekommen. Alle wissen Bescheid darüber, wer von wem Hilfe erhält, sie sehen die Autos der Mitarbeiterinnen und Manager der Hilfsorganisationen, sie wissen, dass Besuche auch Geschenke bedeuten, Unterstützung, Pakete mit Nahrungsmitteln, Geld für die Brille von Alen, für die Besuche beim Augenarzt, die alle ein bis zwei Monate fällig sind, für Fahrspesen und Arzthonorar.

Die bekommen alles – und wir nichts, schimpfen die Nachbarn von Zemka und Halid. Sie sind neidisch auf die Kuh und die Ziegen, neidisch auf all die anderen Gaben und Geschenke, sagen, dass das ganze System korrupt sei, dass nur die erhalten, die schon genug hätten, dass Zemka ihre Kuh geschlachtet und den Kadaver in den See geworfen habe, weil sie eine neue Kuh wollte, dass sie nur so arm täten und gar nicht arm seien, dass sie auch vom Bürgermeister unterstützt würden, kein Mensch wisse, warum.

Zemka selbst lobt den Bürgermeister von Srebrenica, den einzigen muslimischen Bürgermeister in der Republika Srpska, ein toller Mann ist das, sagt sie, immerhin hat er dafür gesorgt, dass morgens und abends ein Bus die Kinder zur Schule bringt, und ab und zu gibt er auch Geld für andere Dinge, für Arzt und Medikamente zum Beispiel.

Einige Monate sind vergangen. Es ist Herbst, die Blätter an den Bäumen sind schon verfärbt, die Situation in Srebrenica hat sich ein wenig verbessert: Der Gedenktag im Juli brachte viele Hilfsorganisationen in die Stadt, etliche Straßen wurden erneuert und repariert. Auch die Straße nach Sjedaće ist besser befahrbar als im Frühling. Und das Licht ist milder: Die Herbstsonne taucht die Landschaft in warme Farben.

Milder ist auch Zemka, gut gelaunt, fröhlich, weil wir unseren Besuch angekündigt haben. Die ganze Familie ist in ihrem Wohnzimmer versam-

melt, einem typisch bosnischen Wohnzimmer mit Häkeldeckchen auf allen Möbeln, leicht vergilbten Fotos in Holzrahmen, einem Kalender mit einer Madonna, mit vielen Pflanzen, zwei durchgesessenen Sofas und einem kleinen Tisch im Zentrum. Einem Tisch, der für alles verwendet werden kann, auf dem sicher auch Alen und Aldin die Hausaufgaben erledigen. Gut erledigen, weil sie es ja einmal besser haben sollen, haben wollen. Musiker und Polizist will der Jüngere werden, er will Keyboard spielen, das Talent hat er vom Großvater geerbt, sagt Zemka, Violinist war der, der Schwiegervater. Alen, der fleißig ist, immer gute Noten nach Hause bringt, der nicht mehr in Osat zur Schule geht, sondern in Srebrenica, er will dort Medizin studieren, dann das Praktikum in Zvornik machen. Jeden Tag steht er um fünf Uhr auf, fährt kurz vor sechs mit dem Kombi, dem Schulbus, nach Srebrenica, kommt nach 16 Uhr zurück. Um den Hals trägt er ein Medaillon. In Srebrenica haben wir das gekauft, sagt Zemka, in Potočari eigentlich, an der großen Gedenkveranstaltung zum zehnten Jahrestag des Massakers im Juli. Glück soll es bringen, dieses Medaillon, dafür sorgen, dass die Wünsche in Erfüllung gehen.
Zemka hat bescheidene Wünsche. Ich wünsche mir Frieden, ich möchte, dass die Schießerei ein Ende hat, dass Aldin Schuhe bekommt, robuste Schuhe für den Weg durch den Wald zur Dorfschule nach Osat. Ich hätte gerne für beide Buben Kleider, mit denen sie sich in der Schule nicht schämen müssen. Nicht in Srebrenica und nicht in Osat. Kleider ohne Löcher und Flicken, nicht neu, aber sauber. Und dann träumt Zemka noch von Maschinen, damit die Feldarbeit leichter wird, weil sich die Familie angemeldet hat, um Erdbeeren anzubauen. Erdbeeren, die an eine Exportfirma aus Schweden verkauft werden, die der Familie ein Einkommen sichern sollen. Zemka zeigt uns das Feld, auf dem die Erdbeeren gepflanzt werden sollen. Mais hat hier gestanden, jetzt ist alles gerodet, in langwieriger Handarbeit. Es gibt zwar die Möglichkeit, Maschinen zu mieten, aber das kostet 30 Mark (15 Euro) pro Dulum (ein Dulum = 10 Hektar), und das Geld haben wir nicht.
Jetzt aber geht es nicht ums Geld, sondern um Gastlichkeit. Zemka steht vor dem Ofen, die langen Haare von einem Kopftuch verdeckt und gegen den Dunst geschützt. Ihre Wangen sind gerötet, die Augen glänzen, sie bereitet ein Festessen vor. In der Pfanne brutzelt der Fisch, die Pita

ist ebenfalls fast fertig, dazu kommen Ćevape, Gemüse, Maiskolben, Salat, dann Kuchen und Kaffee. Der Duft nach Gebratenem überdeckt den anderen, den typischen Geruch dieses Zimmers. Ein Geruch, der in vielen Wohnungen und Häusern in und um Srebrenica zu finden ist, der erahnen lässt, dass auf den Sofas nicht nur gesessen, sondern auch geschlafen wird, dass die Wohnküche zum Schlafzimmer wird – am Abend, wenn die Gäste gegangen sind, wenn das Geschirr abgewaschen und alles sauber weggeräumt ist; den Geruch der Armut, der Platznot, des Elends, gegen den weder Stereoanlage noch Fernseher etwas ausrichten können, weder Telefon noch Hausfrauenkunst noch Zigarettenrauch.
Zemka hat sich schön gemacht für den Besuch, der lange, hellbraune Rock steht ihr gut, ein Geschenk ist er, sagt sie, von meiner Schwester, leider schon etwas schäbig, aber früher, ja früher ist er wirklich sehr schön gewesen, da hatte er noch keine Löcher, darum trage ich ihn immer noch, darum trage ich ihn heute, euch zu Ehren, weil ich mich so freue darüber, dass ihr zu uns gekommen seid. Natürlich rieche ich nicht so gut wie ihr, sagt sie nach der Umarmung, ihr Ausländerinnen riecht immer so gut, wir haben weder Zeit noch Geld, um gut zu riechen. Das ist eben so, da kann man nichts machen. Zemka riecht zwar nicht nach Parfum oder Deodorant, dafür nach Seife, frischer Wäsche, nach Luft und Natur. Sie riecht gut, sehr gut sogar. Und sie trägt wunderschöne Ohrringe und eine Halskette; Goldschmuck, den man in Bosnien zur Hochzeit als Geschenk erhält.
Die Hochzeit von Zemka und Halid liegt Jahre zurück. Die beiden haben sich bei «Igranka» kennen gelernt, bei diesem speziellen Fest, beim Tanz. Zemka erinnert sich, leichte Röte überzieht ihr Gesicht, er hat mir gefallen, sagt sie, das Leben war schön, damals, lustig und unbeschwert. Sie erzählt, gestikuliert, lacht – und hält sich dabei wie immer die Hand vors Gesicht, vor den Mund. Sie schämt sich für ihre schlechten Zähne – und hat doch kein Geld für den Zahnarzt, kein Geld für ein makelloses Lachen. Wir hören fasziniert zu, wie Zemka vom ersten Treffen mit Halid erzählt. Mir fällt es schwer, mir einen hübschen, jungen, unbekümmerten Halid vorzustellen, einen Burschen auf der Suche nach einer Freundin. Ich sehe ihn nicht, den Halid von damals, in den sich Zemka verliebt hat. Sie aber genießt die Bilder, die in der Erinnerung auftauchen: Bilder einer unbeschwerten Jugendzeit.

Gemeinsam mit zwei Brüdern und einer Schwester bin ich in Risići aufgewachsen und zur Schule gegangen. Zur Grundschule, eine andere Möglichkeit gabs nicht, damals, auf dem Land. Frauen, die das Dorf verlassen haben, um eine weiterführende Schule zu besuchen, galten als Huren, das war nicht üblich, damals, das gehörte sich nicht. Als Hure wollte ich nicht bezeichnet werden, das hätten auch die Eltern nicht gewollt. Bei Männern war das anders, ist es heute noch anders, eine gute Ausbildung ist wichtig, die sollen auch meine Söhne bekommen, sie brauchen eine gute Grundlage, sie sollen etwas in der Hand haben, später, wenn sie eine eigene Familie gründen. Jetzt ist einer meiner Brüder tot, im Krieg ist er umgekommen, der andere ist verheiratet, hat selbst auch eine Tochter, meine Schwester ist viel jünger als ich, sie lebt bei der Mutter. Sie ist ebenfalls zurückgekehrt, nach dem Krieg, der Vater auch – doch er hat dann keine sieben Tage mehr gelebt, ist gleich nach der Rückkehr gestorben.
Zemka und Halid heirateten schon bald nach dem ersten Kennenlernen und einigen weiteren Treffen, gründeten eine eigene Familie, Alen wurde geboren, die kleine Familie war perfekt. Doch dann kam der Krieg. Halid war zu jung, um in die Armee eingezogen zu werden, erzählt Zemka, trotzdem kämpfte er an der Front, und er musste fliehen, durch den Wald, tagelang versteckte er sich vor den serbischen Truppen, er stand Todesängste aus, fiel immer wieder zu Boden, hat ein Trauma, seit damals, Herzbeschwerden, kann nicht voll arbeiten, ist sehr nervös, hat Probleme mit der Atmung. All das erzählt Zemka nicht im Kreis all der Verwandten und Bekannten, sondern am nächsten Tag. Wir sind jetzt alleine mit ihr, die Türe ist geschlossen, sie hat das gut organisiert, ist auch stolz, dass wir uns für sie interessieren, dafür, was sie zu sagen hat, was sie erzählt. Sie teilt sie mit uns, ihre Erinnerungen, ihre Vergangenheit. Ohne Halid, ohne Zuhörerinnen und Mitwisser, ohne Kinder. Nein, mit Halid kann ich nicht über den Krieg sprechen, über all das Schlimme, das er und ich erlebt haben, damals, als wir getrennt wurden, er im Wald, ich allein mit dem zweijährigen Kleinkind. Ob er das Ganze jetzt, zehn Jahre nach dem Krieg, verarbeitet hat? Nein, ich glaube nicht, aber er will nicht darüber reden, hat genug von der Zeit damals, von all dem Schrecklichen. Er möchte nur noch vergessen.

Doch das Vergessen ist schwierig, hier in Sjedaće, mit Sicht nach Serbien, auf die andere Seite des Stausees, zu den Badehäuschen am Ufer. Die sind neu, sagt Zemka, waren früher nicht da. Jetzt ist es ruhig dort unten, die Urlauber sind verschwunden. Aber im Sommer und an den Wochenenden, da kommen sie, sie trinken und machen Radau. Und sie schießen. Auch gestern haben sie geschossen, in unsere Richtung, zum Spaß. Dann liegt Zemka im Bett, neben Halid, sie hört das dumpfe Knallen der Schüsse, hört – wenn der Wind aus der richtigen Richtung kommt – das Lachen der Männer, kann sich vorstellen, wie sie die Gewehre heben, wie sie zielen, die Häuser auf der anderen Seite ins Visier nehmen, wie sie abdrücken. Sie stirbt fast vor Angst, sie schließt Fenster und Türen, egal, wie heiß es ist, will das Grauen aussperren, die Angst, die Alpträume. Alpträume, die sich nicht wirklich aussperren lassen, die immer wieder kommen, mit Bildern vom Krieg.

Dann ist sie wieder im UNO-Hauptquartier in Potočari, dann sieht sie ihn erneut, jenen Mann, den sie an einen Baum gefesselt und mit Eisenstangen so lange geschlagen haben, bis er keinen Laut mehr von sich gab, und den anderen, den sie geholt und mitgenommen, ein wenig abseits aber vor ihren Augen erschossen, buchstäblich hingerichtet haben. Sie sieht die Frauen, die die Toten mit Decken zugedeckt haben, sie sieht Menschen in Ohnmacht fallen, wegen der Hitze kollabieren, sie hört das Weinen, Wehklagen und Schreien, sie hat den Gestank von Urin und Exkrementen in der Nase, riecht die Angst, fühlt das Grauen. Immer und immer wieder. Sie haben Zwölfjährige mitgenommen, Kinder, sagt sie, spricht leise, fast mechanisch, die Hände im Schoß verschränkt, sie hält sich selbst an der Hand, die Knöchel werden weiß vom Druck. Immer wieder erinnert sie sich an all das, vor allem nachts, vor allem dann, wenn die Schüsse krachen, wenn die Serben provozieren auf der anderen Seite des Sees, dann schreckt sie auf, springt aus dem Bett, wird fast ohnmächtig vor Angst, bekommt Kopfschmerzen.

Zurück ins Wohnzimmer, in die Küche, zum Gastmahl; Zemka genießt es, heute und hier Gastgeberin zu sein. Sie hat großzügig eingeladen. Nicht nur Halids Brüder sind da: Eine Tante gesellt sich zur Runde, die Schwester von Halids Vater, genau gesagt, seit einigen Monaten ist auch sie zurückgekehrt, lebt hier im Familienverbund, freut sich über den Besuch, hat zwei Söhne und eine Tochter, ein Enkelkind, das vier Jahre alt ist. Sie redet viel, ist laut und energisch, ihr Mann ist draußen, hinter dem Haus, verbrennt Holz, arbeitet. Der einzige Mann an diesem Tag, der offenbar überhaupt nicht neugierig ist auf das, was im Wohnzimmer passiert, nicht neugierig auf Gespräche und Essen, auf Erzählungen und Fragen. Auch eine Nachbarin ist gekommen, die Frau, von der Zemka später erzählen wird, dass sie die Einzige ist, mit der sie Probleme besprechen kann: Sie ist älter und erfahrener als ich, ihr kann ich sagen, was ich erlebt habe, alles kann ich ihr sagen, bei ihr kann ich mir Rat und Hilfe holen, sie ist immer für mich da, wenn ich Sorgen oder Probleme habe.

Vierzehn Personen sitzen in dem kleinen Raum, rund um den Tisch, die Männer am Fenster, sie rauchen, sogar Zigaretten sind rar in diesen Zeiten, Zemka hantiert in der Küche, flink und energisch, eine Frau, die gerne kocht, die ihr Handwerk beherrscht, der es nichts ausmacht, wenn sie dabei beobachtet wird. Und dann ist da noch Adela, Halids Schwester. Sie lebt vorübergehend bei Bruder und Schwägerin, sie hat ihren Mann im Krieg verloren, will hierher zurückkehren. Zurück nach Srebrenica, mit ihren beiden Söhnen, vielleicht, falls sie Unterstützung bekommt. Sie hofft auf Geld und Baumaterial, um ihr Haus wieder aufbauen zu können. Eine traurige Frau mehr im trauten Familienkreis, ein Schicksal mehr, das verarbeitet werden muss, eine Person mehr, die aufgenommen und versorgt wird – weil es keine Alternative gibt zu diesem Leben.

Auf der Rückfahrt werden wir Adela mitnehmen im Auto, sie will uns unbedingt ihr Haus zeigen. Wir fahren zurück Richtung Srebrenica, vorbei an der Kreuzung zur Schule von Osat, vorbei an den niedergebrannten Häusern, an Ruinen, die vor dem Krieg Geschäfte und Wohnungen waren. Nach etwa einem Kilometer biegen wir rechts ab, fahren im Schritttempo eine steile Waldstraße hinunter, kommen zu Adelas Haus. Eine Ruine ist es, es hat zu regnen begonnen, wir stehen mitten im Wald, Adelas Haare sind jetzt feucht, kleben am Kopf, sie sieht noch trauriger aus als zuvor. Später werden die beiden Frauen zu Fuß nach Hause gehen, durch den Wald, im Regen, mit Pantoffeln, von denen nur noch der vordere Teil vorhanden ist, die lediglich die Fußballen schützen, nicht aber die Fersen. Kein Problem, sagt Zemka, wir sind daran gewöhnt, zu Fuß zu gehen. Dass sie fast barfuß ist, scheint sie nicht zu stören.

Die anderen Schwägerinnen, die Ehefrauen von Halids Brüdern, sind heute nicht mitgekommen, sondern in ihren Häusern geblieben. Sie haben uns zwar freundlich begrüßt, sich danach aber zurückgezogen. Sie haben die Einladung Zemkas – die sicher ausgesprochen worden ist, etwas anderes wäre unvorstellbar – nicht angenommen, sehen dem Treiben aus der Ferne zu. Wahrscheinlich wären auch sie gerne Gastgeberinnen gewesen, hätten lieber ihre eigenen Wohnungen im Mittelpunkt des Interesses gesehen, sich selbst, ihre Männer und Kinder im Zentrum von Fragen und Antworten. Vielleicht ist ihr Fernbleiben ein Anzeichen von Missgunst und Neid? Es muss schwierig sein, wenn Brüder und Schwägerinnen, Tante und Onkel, Cousins und Cousinen auf engstem Raum zusammenleben müssen, angewiesen auf gegenseitige Hilfe, eine Schicksalsgemeinschaft, aus der es kein Entrinnen gibt. Ob sie sich gut verstehen? Bei den Männern ist das kein Problem, sagt Zemka, bei den Frauen manchmal schon, da ist das anders, das ist ganz natürlich. Da gibt es Probleme wegen der Kinder und so weiter, alle Frauen haben eine eigene Meinung, auf der sie bestehen, wollen nicht nachgeben.
Außerdem ist da ja noch die jüngste Schwägerin, kaum älter als Alen, selbst noch ein Kind, aber Mutter eines Babys, das mittlerweile zehn Monate alt ist. Ja, die Eltern der Frau seien einverstanden gewesen damit, dass ihr Kind so jung heiratet. Der Vater lag damals auf dem Totenbett, sagt Zemka, die Mutter war offensichtlich froh, eine der Töchter versorgt zu wissen. Mit Liebe hat das wenig zu tun, mehr mit Ökonomie, damit, wie viele hungrige Mäuler gestopft werden müssen und können. Das Baby ist immerhin gewachsen seit April, wirkt nicht mehr so apathisch – ist aber immer noch viel zu leicht, viel zu dünn. Es hat nichts gemeinsam mit den pausbäckigen Kindern, die in der Schweiz bestaunt und bewundert, umsorgt und behütet werden, hat weder rote Backen noch Grübchen unter dem Kinn, ist bleich und sehr ruhig, lacht wenig, schaut mit großen Augen in die Runde, scheint von der allgemeinen Hoffnungslosigkeit in Srebrenica angesteckt worden zu sein.
Das Essen wird aufgetragen: Schüsseln und Platten und Teller und Gabeln und Messer, alles für uns, es ist Ramadan, die Frauen fasten von Sonnenaufgang bis Sonnenuntergang, dürfen weder essen noch trinken, nicht fluchen, nicht rauchen. Alen fastet auch, er ist stolz darauf, die Männer

fasten zwar nicht, essen aber auch nicht mit uns. Sie werden am Abend alle gemeinsam Iftar feiern, das Fastenbrechen, werden das essen, was wir übrig gelassen haben. Und es wird immer noch genug sein für alle. Ein Festessen, bei dem die Geselligkeit und das Miteinander im Vordergrund stehen, der Stolz darüber, nach allen Regeln der Kunst gefastet zu haben – und die Gewissheit, dass der nächste Tag lang und karg werden wird.
Täglich um fünf Uhr steht Zemka auf, bereitet das Frühstück für Mann und Kinder. Im Winter ist jeweils Halid der Erste, der aus dem Bett steigt, sagt sie, er heizt ein, kocht Kaffee, weckt dann mich und die beiden Buben. Sie zeichnet ein anderes Bild als im Frühling: Die Verachtung ist weg, die Feindseligkeit ebenfalls. Sie zeigt Mitgefühl mit ihrem traumatisierten Ehemann, sagt, dass Halid ein guter Mann sei, dass er Hilfe brauche. Dass er arbeiten würde, wenn er könnte. Doch das Trauma, die Brust, das Herz ... Er ist nicht gesund, nicht belastbar, kann eben nicht so viel leisten, wie er eigentlich wollte. Und Besserung ist nicht in Sicht. Der bosniakische Doktor, der regelmäßig in der Schule in Osat Sprechstunden abhält, hat keine medizinischen Hilfsmittel, nichts außer seiner Tasche mit Stethoskop, Blutdruckmesser und Tabletten, keine modernen Apparate, wenig Zeit, wenig Möglichkeiten zum Helfen. Und außerdem kommt er, wann er will, hält die Zeiten für die Sprechstunden nicht ein. Es ist mühsam, sagt Zemka. Sie erzählt, dass Alen krank wurde, Probleme mit dem Atmen, Ohnmachtsanfälle hatte. Mir war schlecht vor lauter Angst, ich konnte aber nichts machen, für Erste Hilfe müssten wir nach Srebrenica, in die Stadt, ihr wisst selbst, wie weit weg das ist, ein langer Weg – und das ohne Auto. Der nächste «richtige» Arzt ist in Zvornik, fast eine Stunde Autofahrt von Srebrenica entfernt. Und zum Arzt in Srebrenica gehen wir nicht gerne, ein Serbe ist er, wir haben genug erlebt zwischen 1992 und 1995, wer das mitgemacht hat, der verliert das Vertrauen, den Glauben. Wenn wir richtig krank werden, können wir nur sterben. Andere Möglichkeiten gibt es für uns nicht.
Trotzdem leben Zemka und Halid eigentlich gerne in Sjedaće. Hier haben sie sich eine Existenz aufgebaut, hierher konnten sie im Jahr 2002 zurückkehren, nachdem sie sechs Jahre lang in diversen Provisorien gelebt hatten, auf der Flucht waren, froh, dem Grauen lebendig entkommen zu sein. Nur die ganz Armen sind zurückgekommen, sagt Zemka, die, die keine andere

Chance hatten. Leute wie wir. Einmal im Monat müsste Halid 20 Mark verdienen können, das würde die Lage sehr verbessern, würde sicherstellen, dass sie sich die 50 Kilo Mehl leisten können, die sie monatlich brauchen. Vielleicht könnten sie dann auch eine neue Waschmaschine anschaffen. Verrostet steht die alte neben der Badewanne, in der Schmutzwäsche eingeweicht ist, auf der anderen Seite die Klomuschel, daneben ein Kübel mit Wasser – weil die Spülung nicht funktioniert. Die Türe zum Gang hängt schief in den Angeln und schließt nicht, aber das scheint niemanden zu stören. Immerhin ist das Haus warm, es gibt elektrischen Strom, der Ofen funktioniert – und die Kuh ist jetzt trächtig, im Frühling soll ein Kalb auf die Welt kommen. Wir suchen sie, die Kuh, besichtigen den Garten, die Obstbäume, das Feld, auf dem Erdbeeren gepflanzt werden sollen.
Am nächsten Tag kommen wir wieder, sprechen mit Zemka über den Krieg und ihre Erfahrungen. Sie ist allein – und sie fastet heute nicht. Ausnahmsweise, sie hat den Ramadan für uns unterbrochen, damit sie – zur Feier des Tages – mit uns Kaffee trinken und Pita essen kann. Kartoffelpita. Sie stellt das Blech direkt vom Ofen auf den Tisch, alle bekommen eine Gabel, wir essen gemeinsam. Wie eine Familie, sagt sie. Ist euch das recht so? Macht es euch nichts aus? Wir genießen es, die Pita ist heiß, frisch und knusprig, dazu trinken wir Orangensirup, ziemlich süß. Zemka will wissen, warum wir wirklich gekommen sind, ob wir helfen können, helfen wollen. Und sie erzählt, dass das Fernsehen hier war, ein Sender «ohne Knochen in der Zunge», ein schöner Ausdruck für Unabhängigkeit, für Journalismus, der nicht staatlich kontrolliert und gesteuert ist – oder aber von irgendeiner Hilfsorganisation bezahlt und dieser deshalb verpflichtet ist. Zemka ist bereit, sich für uns zu erinnern an den Krieg, an ihre Geschichte. Sie erzählt: Ich wollte Holz holen, das war 1993, Alen war ein kleines Baby, und dann, ganz plötzlich, begannen die Serben zu schießen. Ich hatte großes Glück, konnte mich und das Kind buchstäblich in letzter Minute retten. Dann haben wir unser Haus verlassen und sind geflohen.
In Srebrenica fanden Halid, Zemka und Alen Unterschlupf, im Haus eines Arztes, der die Stadt bereits verlassen hatte, weil die serbischen Truppen zu nahe waren, weil das Leben in Srebrenica nicht nur sehr mühsam, sondern auch sehr gefährlich geworden war. Dieses Haus war zwar zum größten Teil zerstört, zerschossen, aber immerhin noch bewohnbar. Eine Ruine.

Wenn es regnete, wurde das Bett nass, wir haben das Dach provisorisch mit einem Stück Blech geflickt. Bis Juli 1995 lebte die Familie in diesem Haus, auch Halids Geschwister waren mit dabei. Dann fiel Srebrenica, Frauen und Männer wurden getrennt auf Lastwagen verladen, die einen in die Massenlager gebracht, die anderen zur Exekution. Viele Frauen sahen damals ihre Männer und Söhne zum letzten Mal, viele Leichen liegen noch immer in den Massengräbern rund um Srebrenica, viele Leichenteile warten in einer Kühlhalle in Tuzla darauf, identifiziert zu werden.
Die Erinnerung quält Zemka. Sie stockt immer wieder, schweift ab, erklärt die schwierige Situation der Frauen, dass sie gesellschaftlich nicht anerkannt sind, nichts zu sagen haben. Ich glaube aber, dass es den Frauen in Srebrenica leichter fällt, sich mit der aktuellen Situation abzufinden.
Zemka erzählt: Wir Frauen sind für die Kinder zuständig, wir müssen für sie und ihre Zukunft sorgen, wir übernehmen Verantwortung. Wir sind immer in Bewegung, haben viel zu tun, arbeiten in Haus und Garten. Auch im Winter. Der Winter ist für Handarbeiten da, wenn ihr das nächste Mal kommt, werde ich euch allen ein Deckchen gehäkelt haben, ihr bekommt ein Geschenk, diesmal blieb mir zu wenig Zeit, ich konnte mich nicht richtig auf euren Besuch vorbereiten. Im Winter ist genug Zeit zum Häkeln, weil der Winter lang ist, hier in den Bergen. Unten im Tal, da frisst die Drina den Schnee, hier oben haben wir keinen Fluss, da bleibt er liegen, der Schnee, lange bleibt er liegen, hüllt alles ein, und meist pfeift ein kalter Wind über das Land. Da sind die Tage kurz und die Abende lang in Sjedaće, da bleiben Zemka und ihre Familie im Haus, wo es warm und gemütlich ist, wo es im Winter sicher nach frisch gebackenem Brot und Kräutertee duftet.
Dass sie selbst, Zemka, auf dem Land aufgewachsen ist, auf einem Bauernhof, erleichtert ihr heute das Leben in Sjedaće: Sie kennt die Landwirtschaft, weiß, wie sie mit Kühen und Ziegen umgehen muss, ist vertraut mit dem Kreislauf von Anbauen, Wachsen und Ernten. Sie hat dieses Land gerne, liebt die Natur, geht gerne in den Wald, weiß, wo Steinpilze und wo Pfifferlinge zu finden sind, sie sammelt Beeren, Pilze und Heilkräuter, verkauft ab und zu etwas auf dem Markt. Aber regelmäßig Geld verdienen lässt sich damit nicht, weil die anderen Frauen vom Land ebenfalls in den Wald gehen und das dort Gesammelte feilbieten – und weil nur

wenige Familien Geld haben, um diese Dinge auf dem Markt zu kaufen. Ganz plötzlich, mitten im Gespräch, kommt die Erinnerung zurück. Und Zemka beginnt zu erzählen – von jener Nacht in Potočari, die sie um zwanzig Jahre altern ließ, als sie vor Angst und Schrecken beinahe verrückt geworden wäre, als irgendwie die Zeit stehen geblieben ist. Sie spricht leise und eindringlich, ohne zu stocken, ohne anzuhalten, ohne nachzudenken. Sie liefert den Text zu Bildern, die irgendwo gespeichert sind, kommentiert einen Film, der in ihrem Kopf abläuft, der sich nicht stoppen lässt, der sich niemals wird stoppen lassen. Ich habe fast durchgedreht, sagt sie. Ich wollte Wasser holen gehen, ging zum Bach hin, dort, wo sie ein Brett übers Wasser gelegt haben, eine Art Brücke, ich habe mich gebückt, wollte Wasser in den Eimer schöpfen. Das Wasser war rot. Rot von Blut. Weil sie weiter oben die Gefangenen erschossen, wir hatten ja die Schüsse gehört, wollten aber nicht glauben, dass so etwas passieren könnte, passiert ist. Es ist so erschütternd – sie macht eine Pause, sie schluckt –, ihr seht ja selbst, es ist schrecklich. Deshalb spricht Halid nicht darüber, die Erinnerung ist grausam, es ist unfassbar ...

Zemka erzählt von der humanitären Hilfe von außen, vom Mehl, das auf diesem Weg nach Srebrenica kam. Nie kam genug, wir mussten zwei Stunden zu Fuß gehen, um die Hilfsgüter abzuholen, mussten die Säcke auf dem Rücken nach Hause tragen, ein winziges Brot musste für eine Großfamilie reichen. Ein winziges Brot für so viele Menschen. Zwischendurch haben wir irgendetwas gearbeitet, wir schufteten einen ganzen Tag für einen Liter Milch, für ein wenig Rahm, für Kartoffeln oder Gemüse. Wir taten alles, um irgendwie zu überleben. Und irgendwann kamen dann Flugzeuge, warfen Hilfsgüter ab, alle Menschen rannten hin – aber immer wieder wurden wir dabei aus irgendeinem Hinterhalt beschossen, es war wirklich gefährlich, viele wurden auf diese Weise verwundet, weil sie in ihrer Verzweiflung versuchten, trotz der drohenden Gefahr ein wenig Hilfe zu erhalten. Der Mann meiner Schwägerin wurde ebenfalls getroffen, die Schüsse zerfetzten sein Bein.

Wir hatten in diesen Wochen und Monaten unglaublich viel Angst, wir mussten so viel mitansehen, haben so viel Schreckliches erlebt, wir litten entsetzlich Hunger und Durst. Da grenzt es an ein Wunder, dass wir heute noch richtig im Kopf sind.

Mirjana Jovanović, Srebrenica

«Die Vergangenheit interessiert mich nicht. Ich will leben!»

«Kommt ruhig zu mir, ihr seid herzlich willkommen, ich bin morgen früh zu Hause.»
Mirjana Jovanović erwartet uns in ihrer Wohnung.
«Ich freue mich, wenn ihr kommt.»
Wir kennen das Haus mit den Mietwohnungen, in dem Mirjana gemeinsam mit ihrem Ehemann Miroslav und ihrer Tochter Dunja wohnt.
«Dunja. Den Namen haben wir bewusst gewählt. Es ist ein neutraler Name, der zu keiner Religion gehört», wird Mirjana später sagen.
Mirjana und Miroslav sind orthodox. Serbisch. Früher gehörten sie zur Minderheit in der Gemeinde Srebrenica, 40 000 Menschen lebten hier, 70 Prozent davon muslimisch, heute sind es noch 10 000, davon sind 60 Prozent serbisch. Srebrenica ist ein Teil der Republika Srpska, des serbischen Teils im Staat Bosnien und Herzegowina. Das wird auf Schritt und Tritt sichtbar: Wer ein amtliches Formular ausfüllt, muss die Fragen in kyrillischer Schrift lesen können, Ortsschilder sind kyrillisch geschrieben, die Namen von öffentlichen Gebäuden, von Gemeindehaus, Gericht und Sozialamt ebenfalls.
Das Haus, in dem Mirjana mit ihrer Familie wohnt, liegt am Eingang der Stadt Srebrenica, auf dem Weg vom «Memorial Center» Potočari ins Zentrum. Wir fahren vorbei am Fußballplatz, wo das Team von Srebrenica seit kurzem wieder spielt, in den Leibchen von Manchester United. Nein, nicht besonders erfolgreich, in einer unteren Liga, sagen die Einheimischen,

aber immerhin. Und Fußball bedeutet ein kleines Stück Normalität. Unmittelbar hinter dem Fußballplatz liegt die serbische Flüchtlingssiedlung, dann folgen die Tankstelle, das Krankenhaus – und auf der linken Seite eine Wohnsiedlung. Die mehrstöckigen Mietshäuser sehen nicht sehr einladend aus: Die Spuren des Krieges, der Geschosse, der Brandbomben sind zu sehen, die Fassaden notdürftig hergerichtet, schmutzig, rußig. Zwischen den kleinen Balkonen ist frisch gewaschene Wäsche zum Trocknen aufgehängt, hinter einigen Fenstern sind Vorhänge zu sehen. Vor dem Haus verlegen Bauarbeiter eine Wasserleitung.
Mirjana hat uns beschrieben, welchen Eingang wir nehmen müssen. Wir steigen die Stufen hinauf, das Haus ist leicht zurückversetzt, verschwindet hinter den anderen, die Türe steht offen. Das Treppenhaus ist dunkel, wir gehen in den ersten Stock, den zweiten, den dritten, vorbei an zerborstenen Fensterscheiben, an anonymen Wohnungstüren. Kein Laut ist zu hören. Dann finden wir das Schild. Jovanović. Drei paar Turnschuhe stehen vor der Tür, fein säuberlich aufgereiht; drei verschiedene Größen. Wir läuten. Schritte sind hinter der Tür zu hören. Mirjana öffnet.
«Toll, dass ihr gekommen seid, aber ich bin allein zu Hause, meine Tochter ist in der Schule, Miroslav muss arbeiten. Und ich muss später auch arbeiten gehen, ich habe vergessen, es euch zu sagen, ich muss weg, heute ist Donnerstag, da putze ich jeweils drei Stunden. Ich kann aber anrufen, wenn es später wird. Das ist kein Problem.»
Sie spricht schnell, fast atemlos, scheint froh zu sein über die Abwechslung im Alltag.
«Nein, nein, lasst die Schuhe an, ich hab meine ja auch an, seht ihr, und außerdem ist es zu kalt hier drin, um barfuß herumzusitzen.»
Mirjana führt uns durch den schmalen Flur mit dunklem Wandschrank bis an die Decke, mit Garderobe, Spiegel. Links ist die Tür zum Wohnzimmer. Dem Fenster gegenüber steht die Wohnwand, behäbig wirkt sie, groß im kleinen Raum. Es gibt viele Häkeldeckchen, dazu Fernseher, ein Telefon, einen kleinen Tisch und zwei Sofas, einen Ofen. Die zweite Tür ermöglicht den Blick in die kleine Küche. Hier stehen nicht nur Kühlschrank und Herd, sondern auch ein Computer; da also hat Dunja ihren Arbeits- und Spielplatz. Das Badezimmer wird uns Mirjana später zeigen, liebevoll und zweckmäßig ist es eingerichtet, auf dem kleinen Schränkchen stehen eine

Flasche Eau de Toilette, Nagellack, Haarreifen, Toilettenpapier, Seife und Shampoo, daneben sind ein Wäschekorb und auf einem Brett über der Badewanne mehrere Kanister mit Trinkwasser.
«Wir haben fließendes Wasser. Aber seit die Leitung gebaut wird, bricht die Versorgung immer wieder zusammen. Wir brauchen Wasser – und so haben wir mehrere Kanister als Reserve im Badezimmer. Ehrlich gesagt: Ich glaube nicht, dass dieses Wasser hier sehr gesund ist.»
Wohnzimmer, Gang, Bad und Küche: Mehr Zimmer gibt es nicht, das Wohnzimmer ist zugleich Schlafzimmer, die Sofas dienen während der Nacht als Betten. Es ist kalt, der eine Ofen wird im Winter die ganze Wohnung wärmen, jetzt, im Herbst, sind Rollkragenpullover, Schal und Socken als Zwischenlösung billiger.
«Wir müssen erst Holz für den Winter kaufen», erklärt Mirjana. «Das Holz aber ist teuer, und ich habe immer noch keinen Job. In einem Bergwerk in Sase, einer der benachbarten Gemeinden, boten sie mir eine Stelle an, das gebe ich zu. Aber der Weg ist weit, die Arbeit schlecht bezahlt. Dort wäre ich auch nicht angemeldet. Das sind Banditen. Deshalb habe ich abgelehnt. Aber hier in Srebrenica gibt es so gut wie keine Arbeitsstellen.»
Das soll sich schon bald ändern, wenn alles gut geht – und wenn sich die Pläne der Behörden realisieren lassen. Basis für den Aufschwung bilden Verhandlungen mit potenziellen Investoren. Zudem setzt die Gemeinde Srebrenica – gemeinsam mit Bratunac – auf den «Business Guide» ein Handbuch für Unternehmen, Anleger und Investoren. Es enthält auf 200 Seiten einen Überblick über die Möglichkeiten und Ressourcen von Srebrenica und Bratunac, dazu Namen, Kontaktadressen und weitere Informationen von Entwicklungsorganisationen, Handelsbanken, Wirtschaftsvereinigungen, Kooperativen, Mikrokredit- und internationalen Organisationen. Beschrieben werden im Handbuch auch Wege und Möglichkeiten, wie Interessierte auf schnellem Weg zu den nötigen Bewilligungen kommen können. Entstanden ist das Handbuch im Rahmen des Projektes «Nachhaltige wirtschaftliche Entwicklung», durchgeführt von der internationalen Organisation CARE und finanziert von der niederländischen Regierung.
Mirjana hofft, dass der Aufschwung bald beginnt. Sie ist 33 Jahre alt, sieht aber jünger aus. Das lange dunkle Haar hat sie zu einem Pferdeschwanz

zusammengebunden, die Augen sind dezent geschminkt, sie ist äußerst lebhaft, lacht viel und gerne, hat wunderschöne Zähne. Sie trägt Jeans und Rollkragenpullover und Turnschuhe, wirbelt zwischen Küche und Wohnzimmer hin und her, sie redet und lacht und kocht Kaffee und bringt Kuchen dazu.

«Das ist ein billiger Kuchen, einer sogar ohne Eier. Ich habe ein Buch, in dem stehen nur billige Rezepte drin. Ich bin eine gute Köchin. Und mein Mann mag Süßes. Ich verwöhne ihn gerne. Meistens gibt es einen Kuchen, wenn er nach Hause kommt. Dieser hier heißt Honigherz.»

Mirjana holt das Rezeptbuch, wir diskutieren über Kuchenrezepte – und über den Alltag in der Stadt.

«Früher waren die Busverbindungen gut, da war es schön, auf dem Land zu leben. Man hatte alles: Fleisch, Milch, Gemüse. Aber jetzt fahren fast keine Busse, die Menschen auf dem Land sind isoliert, abgeschnitten, die Kinder haben einen weiten Schulweg, müssen früh aus dem Haus und kommen spät zurück.»

Deshalb leben Mirjana und ihre Familie in der Stadt. Dunja ist in fünf Minuten in der Schule, gleich in der Nähe sind zwei, drei kleine Geschäfte, die Mutter wohnt lediglich einige Minuten entfernt. Und Mirjana schätzt die Möglichkeit, Menschen zu treffen, schnell ein paar Worte zu wechseln, andere Frauen zum Kaffee einzuladen.

«Ich plaudere gerne, habe viele Freundinnen und Freunde, wir machen Scherze, wir lachen zusammen.»

Eine Möglichkeit, die sie auf dem Land nicht hätte. Trotzdem: Für Mirjana ist klar, dass die Stadt nicht nur Vorteile bietet.

«Die Menschen auf dem Land sind zwar einsamer als wir», sagt Mirjana. «Dafür können sie das Gemüse aus dem eigenen Garten holen.»

Sie seufzt, springt auf, wirbelt in die Küche, holt eine Plastik-Einkaufstasche.

«Schaut mal her: Alles müssen wir kaufen. Milch und Butter und Öl und Gemüse. Ich habe heute Spinat gekauft, das ist gesund. Aber es kostet Geld, jeden Tag einkaufen zu gehen. Deshalb suche ich dringend Arbeit.»

Erwerbsarbeit bedeutet für Mirjana nicht Wohlstand, sondern die Gewissheit, dass die Miete auch im nächsten Monat bezahlt werden kann, dass das Geld noch für Schokolade für den Kuchen reicht, für Bananen, die

Dunja so gerne isst, für die neuen Kleider der Tochter, wenn sie aus den alten herausgewachsen ist. Mirjana ist stolz auf ihren Ehemann, auf ihre Tochter. Sehr stolz.
«Miroslav ist meine erste und einzige Liebe», sagt sie, «Dunja ist unser Leben.»
«Mein Mann und ich, wir kennen uns schon seit dem Sandkasten. Schon damals waren wir ineinander verliebt. Und wir lieben uns immer noch.»
1996 haben die beiden geheiratet, ein Jahr später ist Dunja geboren. Mittlerweile ist sie achteinhalb Jahre alt, ein aufgewecktes Kind.
«Sie geht schon in die vierte Klasse, es gefällt ihr wirklich. Wir lieben sie sehr. Alles, was wir tun, machen wir für sie.»
Mirjana, Miroslav und Dunja sind eine kleine, verschworene Gemeinschaft in der Stadt Srebenica. Sie genießen jede Minute, die sie zusammen sind. Wenn Miroslav beruflich unterwegs ist, ruft er regelmäßig an, erkundigt sich, wie es Mirjana geht, was Dunja macht. Dann lächelt Mirjana glücklich am Telefon, flüstert zärtlich in den Hörer, lacht glucksend, fragt leise nach, sagt, dass er auf sich aufpassen soll. Miroslav arbeitet bei einer privaten Minenräumfirma, während der Sommermonate.
«Das ist kein schöner Job», sagt Mirjana.
«Aber er hat keine andere Arbeit gefunden. Und schließlich brauchen wir ein Einkommen.»
Die Stimme von Mirjana verliert die Fröhlichkeit, wird dunkler und leiser. Sie macht sich Sorgen.
«Die Arbeit beim Entminungstrupp ist anstrengend: Sie erfordert viel Konzentration – und sie ist sehr gefährlich.»
Die Minenproblematik ist in Srebenica genauso wenig gelöst wie im restlichen Teil von Bosnien und Herzegowina. Ein Teil des Landes wurde in den ersten Jahren nach Kriegsende entmint. Doch dann zogen sich die internationalen Organisationen zurück – die restlichen Minen blieben, wo sie waren.
Bei der Fahrt durch die ländlichen Gebiete sehen wir immer wieder die Tafeln mit Totenköpfen: im Wald, auf Wiesen und Feldern. Daneben gibt es riesige Flächen, die von rotem Farn überwuchert sind – meist ein Zeichen dafür, dass das Gebiet nicht genutzt werden kann, weil die Gefahr besteht, dass sich dort Minen befinden.

In Srebrenica ist ein Minen-Informations-Projekt initiiert worden – mit dem Ziel, die Bevölkerung für die Gefahr von Minen zu sensibilisieren und anhand von Informationsveranstaltungen und mit Hilfe von Informationsmaterial darauf aufmerksam zu machen, wo die am meisten betroffenen Gebiete liegen. Mittlerweile ist die Gegend rund um die Stadt entmint – aber in den verlassenen Dörfern und auf den brach liegenden Feldern bleibt noch viel zu tun.
Zudem werden im Rahmen dieses Projektes spezielle Minenkarten angelegt, auf denen die verminten Gebiete ebenso gekennzeichnet sind wie die Orte, an denen es zu Explosionen gekommen ist. Wie zum Beispiel in Sase, wo seit 2001 der einzige tödliche Unfall passiert ist. Diese Karte wird – aufgrund von Hinweisen aus der Bevölkerung – immer wieder ergänzt. Die Menschen von Srebrenica sind aufgerufen, sich zu melden, wenn sie etwas Verdächtiges bemerken, wenn sie zum Beispiel Tierkadaver oder -skelette finden, wenn sie in abgelegenen Häusern oder Ruinen Minen vermuten. Und sie werden minutiös genau darüber informiert, was bei einem Unfall zu tun ist, wie sie Fundstellen markieren, worauf sie besonders achten und wo sie sich melden müssen. Wenn eine Meldung eintrifft, wird der Zivilschutz alarmiert, dieser schickt Teams aus, dann wird der verdächtige Platz gekennzeichnet und allenfalls ein Projekt für Minenräumung ausgeschrieben. Bei der Vergabe der Aufträge gilt es Prioritäten zu setzen. Zuerst werden die bewohnten Gebiete entmint, danach landwirtschaftliche Flächen – und schließlich der ganze Rest.
Wenn die Firma, bei der Miroslav arbeitet, den Auftrag erhält, dann muss er Frau und Kind verlassen, oft für mehrere Tage, muss irgendwohin.
«Heute ist er in Doboj, morgen irgendwo. Es gibt hier wahrscheinlich keine Stadt, in der er noch nicht gearbeitet hat.»
«Hast du Angst, wenn er fort ist?»
«Ja, sehr. Aber es ist nicht nur das. Ich sehne mich auch nach einem geregelten Leben. Nach einer anderen Art von Ehe. Ich wünsche mir einen Mann, der nach Hause kommt, gemeinsam mit mir die Kinder versorgt, am Abend Zeit hat für uns. Das gibt eine andere Atmosphäre.»
«Ich hätte gerne ein zweites Kind», sagt Mirjana plötzlich. «Aber wir können uns in dieser Situation kein weiteres Kind leisten. Wir haben dafür weder Platz noch Geld.»

«Hat Miroslav wenigstens einen guten Arbeitgeber?»
«Nein. Er ist bei einer Privatfirma angestellt, erhält 400 Mark (200 Euro) Grundlohn, dazu kommen Tagespauschalen. Miroslav arbeitet ausschließlich während der Sommermonate, und auch das nur, wenn die Auftragslage gut ist. Für die Rente wird nur die effektiv geleistete Arbeitszeit angerechnet. Das bereitet uns auch Sorgen. Meine Mutter bekommt heute eine kleine Rente, weil mein Vater gearbeitet hat. Aber wer soll meine Rente bezahlen? Wovon soll ich später leben?»
Doch noch hat es wenig Sinn, sich um die ferne Zukunft zu sorgen. Jetzt lebt Mirjana in der Gegenwart. Sie weiß, dass die Arbeit von Miroslav wichtig ist. Weiß es auch deshalb, weil die Leiterin des Minen-Informations-Projektes, Ibrima Halilović, ebenfalls Mutter eines Kindes, im Nachbarhaus wohnt, weil sich die beiden Frauen gut kennen, immer wieder miteinander reden. Mirjana ist informiert über die Hintergründe der Berufstätigkeit ihres Mannes. Sie weiß, dass das Minen-Informations-Projekt – wie so viele andere Projekte in Srebrenica auch – von den Niederlanden finanziert wird. Sie schaut TV, hört Radio, liest Zeitung.
«Kürzlich ist wieder eine Mine explodiert, ein Mann hat dabei ein Bein verloren.»
Das Beseitigen der Minen kostet Geld. Viel Geld. Für einen Quadratmeter rechnet man mit drei Mark, Tausende von Quadratmetern müssen systematisch abgesucht und bei Bedarf von Minen gesäubert werden. Der bosnische Staat bezahlt fast nichts. Der Staat und Srebrenica sind in diesem Bereich vollständig auf internationale Hilfe angewiesen. Und es wird noch lange dauern, bis alle Minen entfernt sind: Spezialisten rechnen damit, dass bis in zehn Jahren ganz Bosnien und Herzegowina entmint ist. Allerdings nur dann, wenn die internationale Gemeinschaft, die Niederlande, Amerika oder Deutschland (die sich bisher in Srebrenica als sehr großzügig erwiesen haben) oder irgendwelche Hilfsorganisationen das dafür nötige Geld zur Verfügung stellen.
Für Mirjana, Miroslav und Dunja und für all die anderen jungen Familien bedeutet das, dass sie noch lange nicht unbeschwert durch den Wald streifen, abseits der Wege durchs Laub waten, sich hinter Bäumen verstecken oder andere Spiele machen können. Weil der Wald am Schluss der Prioritätenliste steht.

Mirjana erzählt, dass sie die letzten vier Jahre während der Sommermonate gearbeitet, gutes Geld verdient und so dazu beigetragen habe, dass die Familie in den Wintermonaten finanziell über die Runden kam.
«Ich war jeweils drei Monate lang in Rafaelović, in Montenegro, an der Küste, habe im Tourismusbereich gejobbt.»
«Was genau musstest du machen?»
«Alles. Zimmer putzen, am Buffet und in der Boutique helfen, servieren. Ich musste dort einspringen, wo jemand gebraucht wurde.»
Mirjana steht wieder auf, holt ein ganzes Paket von Fotos aus der Schublade der Wohnwand, zeigt uns die Bilder. Miroslav und Dunja in Montenegro am Meer, glücklich lachend und braun gebrannt. Mirjana im Kreis von Freundinnen, vor der Hochzeit.
«Schaut mal, diese tolle Katze hier, das war ich. Wirklich.»
Mirjana und Miroslav bei der Hochzeit. Dunja als Kleinkind, herzig, drollig und dunkelhaarig wie die Eltern. Bilder von Mirjana als Pfadfinderin. Bilder, auf denen sie mit ihren Schwestern zusammen ist. Dunja beim Schulanfang, Arm in Arm mit Mirjanas Mutter.
«Ich war damals in Montenegro», sagt Mirjana.
Wieder verdunkelt sich ihre Stimme, die Augen füllen sich mit Tränen. Normalerweise begleiten die Mütter die Kinder am ersten Schultag. Dass sie selbst nicht dabei war, nicht dabei sein konnte, dass sie diesen wichtigen Augenblick im Leben ihres Kindes verpasst hat, scheint ihr heute, vier Jahre später, immer noch weh zu tun.
«Es ist schwer für mich, drei Monate lang von meiner Familie getrennt zu sein», sagt sie.
«Ich wusste nicht, wie es Miroslav geht, was Dunja macht. Ist sie krank? Ist sie hingefallen? Hat sie sich verletzt?»
Schon wieder kommen Mirjana die Tränen. Sie wischt sich energisch über die Augen – und spricht schnell weiter.
«Aber ich halte das aus. Schaut, alles, was ihr hier seht, haben wir von diesem Geld gekauft, das ich in Montenegro verdient habe. Deshalb halte ich es aus.»
Sie zeigt auf das Telefon, sagt, dass das alte kaputt ging, im letzten Sommer, dass sie aus Montenegro nicht mehr anrufen konnte, dass so auch der letzte Kontakt zu ihrer Familie unterbrochen war.

«Ich habe vom Meer ein Geschenk mitgebracht, als ich nach Hause kam. Eine Schachtel, schön eingepackt. Darin war das neue Telefon. Alle waren begeistert. Es ist etwas, was wir mit eigenen Händen verdient, was wir selbst bezahlt haben. Wie alles hier. Das ist wichtig für uns.»
Wichtig ist auch die Großmutter – für Mirjana und für Dunja. Wenn Mirjana nicht zu Hause ist, sorgt Dunjas Mutter für das Enkelkind.
«Sie macht das gut. Und Dunja ist gerne bei ihr», sagt Mirjana.
Ihre Mutter wohnt ganz in der Nähe, drei Mietshäuser weiter, unmittelbar gegenüber der Tankstelle, hinter den großen Holzhaufen, die davon künden, dass sich die Menschen auf den Winter vorbereiten.
«Wir werden nächstens zu meiner Mutter ziehen.»
«Ist ihre Wohnung größer?»
«Nur ganz wenig. Auch dort wird es eng. Ihre Wohnung hat 32 Quadratmeter, besteht auch aus Vorzimmer, Wohnzimmer und Küche. Dafür bezahlt sie 50 Mark (25 Euro) pro Monat. Sie bekommt aber nur 80 Mark Rente. Das reicht einfach nicht zum Leben.»
Deshalb der Umzug, deshalb der Plan, künftig gemeinsam zu leben.
«Wir möchten gerne eine Heizung einbauen lassen in die Wohnung. Das kostet aber 2000 Mark. Wenn wir dieses Geld ausgeben, haben wir für den Rest des Winters überhaupt kein Geld mehr. Weder für das Essen noch zum Heizen. Darum suche ich so dringend einen Job. Und wenn wir gemeinsam in einer Wohnung leben, müssen wir nur eine Miete bezahlen, nur eine Wohnung heizen. So können wir Geld sparen.»
Schon wieder das Geld. Mirjana erzählt, dass sie sowohl für ihre eigene Mutter als auch für diejenige von Miroslav sorgen muss.
«Beide haben eine minime Rente. Als ich letzten Sommer von Montenegro nach Hause gekommen bin, habe ich fast das ganze Geld abgeliefert. Aber es ist nie genug. Sie denken, ich verdiene Millionen ...»
Natürlich stimme das nicht. Aber immerhin. Mit dem Geld, das sie vom letzten Sommer gespart hat, wird sie jetzt das Holz für den Winter kaufen.
Ein paar Tage später stehen wir mit Mirjana vor dem Haus, sie scherzt mit den Feuerwehrmännern, die sich im untersten Stock in einem Lokal versammelt haben.
«Hier ist alles kaputt, in Srebrenica brennt gar nichts mehr. Wofür braucht

ihr ein zweites Auto? Alle Häuser sind einstöckig, da reicht ein Wagen, mehr braucht ihr nicht.»
Die Männer lachen zurück, necken sie, weil die Fotografin neben ihr geht.
«Komm, schnell, du musst sie auch fotografieren», sagt Mirjana, zerrt die Fotografin am Arm, lacht schallend ob der verdutzten Gesichter und weil sich einer der Männer sofort vor der Kamera in Sicherheit bringt, hinter der nächsten Tür verschwindet.
«Das sind alles Muslime. Aber wir haben keine Probleme miteinander. Politik interessiert mich nicht. Mich interessiert nur das Leben. Wir sind gute Nachbarn, wir reden miteinander, freuen uns über die Erfolge der anderen.»
«Spielt die Religion wirklich keine Rolle?»
«Nein, überhaupt nicht. Ich gratuliere meinem alten Nachbarn zum Bajram. Das ist doch ganz normal. Ich liebe meine Religion. Aber ich respektiere auch diejenige der anderen.»
«Wenn der gegenseitige Respekt so selbstverständlich ist, warum hat es dann Krieg gegeben?»
«Was weiß ich. Alle sagen, dass das die Politiker gemacht haben. Die Menschen in Srebrenica hassen sich nicht gegenseitig. Haben sich nie gehasst.»
Mirjana hat die Verkäuferinnenschule besucht, wollte dann aber etwas in der Natur machen, wechselte zur Bergwerksschule, danach zur Hotelfachschule – und arbeitete schließlich in einem Bergwerk. Vor dem Krieg.
«Und dann?»
«Während des Krieges waren wir in Bratunac.»
«Wen meinst du mit wir?»
«Meine Mutter und mich.»
«Und dein Vater?»
«Er hatte einen Unfall. Schon 1986. Er hat den Krieg nicht erlebt.»
«Und die Eltern von Miroslav?»
«Sein Vater ist 1996 an Nierenversagen gestorben. Er hatte Dialyse, wohnte neben der Tankstelle. Die Mutter hat eine Wohnung hier in Srebrenica. Sie ist ein wenig größer als unsere.»
Die Fröhlichkeit ist wie weggeblasen, Mirjana wirkt verschlossen, ist einsilbig geworden. Es ist nicht das erste Mal, dass wir beim Gespräch mit

serbischen Bosnierinnen diese Reaktion bemerken: Sie wollen nicht über den Krieg reden, wollen nicht gefragt werden, wie sie die Vergangenheit erlebt, was sie gemacht haben. Miroslav muss gekämpft haben, muss bewaffnet gewesen sein, denken wir. Die Frage stellen wir nicht. Wir wollen nicht riskieren, dass Mirjana das Gespräch abbricht.

«Es soll nicht wieder passieren. Nirgends und niemandem. Nie wieder soll so etwas passieren.»

Mirjana flüstert, presst die Worte regelrecht zwischen geschlossenen Lippen hervor.

Plötzlich lacht sie kurz auf, wechselt dann abrupt das Thema, stellt selbst Fragen.

«Bist du verheiratet? Hast du Kinder? Wie alt sind deine Kinder? Was machen sie jetzt, wenn du hier bist, um zu arbeiten?»

Der Sprung auf sicheres Terrain ist gelungen. Vorerst, zumindest. Wir sind beim Alltag – in der Schweiz und in Srebrenica.

«Die Hälfte der Menschen hier fragt sich jeden Tag, was sie ihren Kindern zu essen geben soll», sagt Mirjana, macht eine wegwerfende Handbewegung. «Hier kümmert sich keiner um die Menschen. Schaut euch doch um. Viele Straßen sind unbenützbar, überall ist Schmutz und Elend. Hier haben sie im Sommer die Straße neu gemacht, jetzt wird wieder umgegraben, eine Wasserleitung gelegt. Viel internationale Hilfe fließt nach Srebrenica – doch die Menschen hier bekommen davon nichts zu sehen.»

15 Millionen Mark (7,5 Millionen Euro) sind 2004 an internationaler Hilfe nach Srebrenica geflossen, 10 Millionen waren es 2005. Und noch ist kein Ende der Abhängigkeit in Sicht. Zwar hat sich die Situation in den letzten Jahren offensichtlich verbessert, wenn man den Zahlen Glauben schenkt: Vor fünf Jahren lag das Budget der Gemeinde Srebrenica bei 800 000 Mark, im Jahr 2005 betrugen die regelmäßigen Einnahmen 2,5 Millionen Mark, dazu kamen zwei zusätzliche Millionen von verschiedenen Projekten.

Wir wagen noch einen Versuch, kehren beim Gespräch über die triste Situation in der Gemeinde zurück zum Krieg.

«Verstehst du Menschen, die über den Krieg, über das, was hier passiert ist, reden wollen, reden müssen?»

«Ich verstehe all jene, die Angehörige verloren haben. Wir hatten Glück. Wir mussten nur nach Bratunac.»

Mirjana macht eine Pause, denkt nach.

«Wir hatten es schwer dort. Wir gingen auf unsere Seite. Das mussten wir. Aber wir waren Flüchtlinge. Und wenn du Flüchtling bist, lässt man dich nicht atmen. Trotzdem: Wir hatten Glück. Aber ich will nicht darüber reden.»

«Wie ist die Situation für die muslimischen Rückkehrerinnen?»

«Ich finde es gut, wenn möglichst viele Menschen zurückkehren. Dann wird es wieder so etwas wie das alte Srebrenica geben.»

«Wie war deine Rückkehr?»

«Es war wie eine Geburt. Du hast Schmerzen, Schmerzen, Schmerzen. Dann ist das Kind da und du freust dich. Du ziehst dich zurück in deine Ecke, fühlst dich wohl.»

«Aber es gibt viele, die nie mehr zurückkehren werden...»

«Wie meinst du das?»

«Viele sind vertrieben worden, viele sind tot.»

«Da können wir nichts tun. Gott hätte verhindern müssen, dass das passiert.»

Mirjana hat den letzten Satz nur noch ganz, ganz leise gesagt. Jetzt verdüstert sich ihr Gesicht.

«Diese Fragen machen uns müde. Hört endlich auf damit. Wir wollen leben! Leben. Leben.»

Sie ereifert sich, gestikuliert, die Stimme wird lauter. Mirjana ist wütend, betroffen.

«Wir haben hier zehn Jahre gut zusammengelebt. Wir kamen miteinander klar. Hier wohnt eine Serbin, die einen Moslem zum Freund hat. Das ist doch ein Beweis. Oder etwa nicht?!»

Mirjana schaut uns an, wartet einige Sekunden, spricht weiter. Leiser jetzt, nicht so emotional.

«Ich komme mit allen aus. Ich greife nie jemanden an. Aber ich lasse auch nicht zu, dass ich angegriffen werde.»

Nach einigen Sekunden spricht sie weiter – und beendet das Thema. Ein für alle Mal.

«Am besten ist es, nicht mehr darüber zu sprechen, was passiert ist. Man fühlt sich schlecht, wenn man immer wieder auf diese Fragen antworten muss. Ich will das nicht. Ich will das nie mehr.»

Natürlich. Mirjana hat das Recht, über gewisse Themen nicht reden, nicht Auskunft geben zu wollen. Es ist offensichtlich einfacher, sich aus der Position der Opfer an gewisse Dinge zu erinnern, als sich immer wieder angegriffen fühlen und rechtfertigen zu müssen.
«Ich will nach vorne schauen, nicht zurück. Ich glaube, dass es wieder aufwärtsgeht mit Srebrenica.»
«Wieso glaubst du das?»
«Schaut nur hier, bei diesem Haus: Jetzt renovieren sie die Fassade. Die jungen Menschen werden Arbeit bekommen, werden Kredite aufnehmen, werden investieren, das Geld zurückzahlen, sich von den Eltern lösen. Das ist ganz wichtig. Sie müssen unabhängig werden.»
«Siehst du denn irgendwo Fortschritte?»
«Ja, viele Menschen kehren zurück. Man sieht es an den Plätzen vor den Häusern. Überall spielen jetzt Kinder.»
Diese optimistische Einschätzung teilen hier längst nicht alle. Die Rückkehr, – die in Srebrenica wegen des Genozids erst ab 2001 stattgefunden hat, kommt weiterhin nur zögerlich voran. Bisher kehrten hauptsächlich ältere Menschen zurück. Junge kommen nur dann, wenn sie sicher sind, dass sie eine Existenz vorfinden. Und das ist auch elf Jahre nach Kriegsende noch nicht der Fall. Einen Beweis dafür liefern die Zahlen der Schülerinnen und Schüler: 1991 gingen in Srebrenica – und zwar im gesamten Gemeindegebiet, in Stadt und Dörfern – 11 000 Kinder zur Schule, heute sind es lediglich 1100, also ein Zehntel. Die Gemeindeverantwortlichen befürchten einen demografischen Kollaps – auch wenn sich die Situation im vergangenen Jahr merklich verbessert hat. Zudem wollen die Behörden in den nächsten Monaten und Jahren neue Arbeitsplätze schaffen. Arbeitsplätze vor allem auch für Frauen. Im November 2005 ist eine Keksfabrik eröffnet worden, die ungefähr 40 Arbeitsplätze generiert und 200 Kooperanden ein Einkommen verspricht (Zulieferern, die den Nachschub an Eiern, Mehl, Milch und Butter garantieren), aber auch eine Schuhfabrik soll nach Srebrenica kommen und mittelfristig für 300 Frauen und Männer Arbeitsplätze anbieten.
Für Mirjana zum Beispiel. Wir wollen sie ein nächstes Mal besuchen. Doch sie ist nicht zu Hause. Wir setzen uns auf die Terrasse eines Restaurants neben dem Haus, in dem sie wohnt. Wir warten.

Nach einer halben Stunde kommt sie. Beschwingt und fröhlich geht sie mit flottem Schritt aufs Haus zu, sieht uns, lacht.
«Was ist los heute? Alle suchen mich. Was ist das nur für ein komischer Tag. Schnell, kommt mit, wir gehen hinauf in die Wohnung. Dunja wird auch gleich kommen, sie ist noch in der Schule.»
Sie ist bestens gelaunt, lacht, stürmt die Treppe hoch zur Wohnung.
«Mirjana, wir wollten dich anrufen – haben dich aber nie erreicht.»
«Klar, ich war bei meiner Mutter. Wir haben den Umzug vorbereitet. Das ist viel Arbeit. Und dort könnt ihr mich nicht erreichen.»
«Hast du dich in der Zwischenzeit für die Arbeit in der Keksfabrik beworben?»
«Ja, ich war gerade bei der Frau, die die Bewerbungen sammelt, und habe mich angemeldet. Ich hoffe, dass es klappt. Ich bin schon perfekt für die Stelle.»
Mirjana schaut selbstsicher, lacht, will uns überzeugen.
«Ich bin doch eine gute Köchin, mache feine Kuchen. Oder etwa nicht? Ich weiß genau, wie man das macht, ich lerne schnell. Und ich bin fleißig. Die nehmen mich. Da bin ich sicher.»
Sie macht sich selbst Mut, will aber auch verhindern, dass sie bei einer Absage enttäuscht ist.
«Wisst ihr, wenn es beim ersten Mal nicht funktioniert, dann sicher nach einigen Wochen oder Monaten. Viele Menschen werden sich für diese Stellen bewerben – aber viele werden bald wieder aufhören. Das ist eine anstrengende, eine anspruchsvolle Arbeit. Ich aber kann das, ich werde aushalten.»
Mirjana strahlt, als ob sie die Stelle bereits erhalten hätte. Wir erzählen ihr, dass in absehbarer Zeit noch mehr Unternehmen in Srebrenica angesiedelt werden, dass weitere Arbeitsstellen in Sicht sind. Sie lacht fröhlich, wirkt zuversichtlich. Glücklich.
«Ich erwarte jede Minute, dass Dunja zur Türe hereinstürmt», sagt sie.
«Wie Herkules, ihr werdet sehen. Wir haben nämlich gemeinsam gelernt. Sie sollte auf die Prüfung eine Fünf bekommen – jetzt ist es aber eine Vier geworden. Das wird sie wütend machen. Ganz sicher. Sie ist nämlich ehrgeizig.»
Dunja kommt länger nicht, sie ist sofort nach der Schule zur Großmutter gegangen. Mirjana telefoniert, bittet Dunja, nach Hause zu kommen.

«Ihr müsst sie unbedingt treffen. Wenn sie hier wäre, könntet ihr sehen, wie klug sie ist.»
Bis Dunja eintrifft, sprechen wir mit Mirjana über ihre Kindheit, ihre Jugend, über die Zukunft – und über Träume.
«Als ich ein Kind war, hatten wir es gut in Srebrenica. Ich spielte mit den Jungs Fußball, wir vergnügten uns im Wald, mit Laub und Holz und Steinen, wir kochten mit Matsch, buken Kuchen. Wir gingen spazieren, zum Guber, zum Beispiel, dort war ein schönes Thermalbad, es gab Picknicks, wir spielten Basketball, Kegeln. Wir hatten viele Möglichkeiten.»
«Hast du noch Freundinnen von dieser Zeit her?»
«Nein, überhaupt nicht. Nach der Schule haben sich die Wege getrennt, viele von ihnen sind auch nicht mehr hier. Und zu den anderen habe ich keinen Kontakt.»
Der Aktionsradius von Mirjana ist sehr eng. Sie hält sich fast ausschließlich im untersten Teil der Stadt auf, nimmt ab und zu den Weg ins Zentrum auf sich, wenn sie im Gemeindehaus etwas zu erledigen hat.
«Warum seid ihr nach Srebrenica zurückgekommen?»
«Uns gefällt es hier: Wir lieben die Geselligkeit, die Nachbarschaft. Die Geselligkeit, den Kaffee. Den Kaffee.»
Mirjana lacht über ihre eigenen Wiederholungen, über die Antwort.
«Hast du auch schon daran gedacht, von hier wegzugehen?»
«Viele Male haben wir darüber gesprochen, Miroslav und ich. Wohin wir gehen wollen, welche Sprache wir dafür lernen müssen. Aber wir würden weggehen, um Geld zu verdienen – und dann wieder zurückkommen zu können. Nach Srebrenica.»
«Wo würdest du gerne leben?»
«Sicher nicht in Amerika. Ich habe im Fernsehen gehört, dass es dort wahnsinnig viele Verbrechen gibt. Das ist mir zu unsicher. Dänemark wäre gut. Dort gibt es keine Kriminalität. Oder fast keine. Kanada könnten wir uns auch vorstellen.»
Mirjana hängt eine Weile ihren Gedanken nach. Dann seufzt sie – und sagt energisch:
«Gott muss dafür sorgen, dass es mit Srebrenica wirtschaftlich wieder aufwärtsgeht. Ich will, dass mein Kind hier aufwächst – wie ich.»
«Mit welchen Spielen wächst dein Kind auf?»

«Ganz anders als ich. Sie kennt sich mit dem Computer aus, sie schaut TV, aber nicht lange und nur Kindersendungen, da bin ich streng.»
«Was darf sie sich denn anschauen?»
«Biene Maja, zum Beispiel, Tom und Jerry oder andere Trickfilme.»
«Was wünschst du dir für deine Tochter?»
«Sie soll eine gute Ausbildung haben – und genügend Geld, um ein schönes Leben zu führen. Sie muss nicht reich sein, nein, überhaupt nicht, das meine ich nicht damit. Wichtig ist auch, dass sie eine eigene Familie hat. Eine gesunde Familie.»
Die Kinder von heute würden ihrer Kindheit beraubt, sagt Mirjana.
«Mit zehn Jahren sind sie praktisch erwachsen. Alle wollen Handys, alle haben Fernsehen und Computer, sie fordern und fordern. Das sind doch keine Kinder mehr. Und nach ein paar Jahren hängen sie in den Cafés und Restaurants herum, ohne Aufgabe, ohne Job, ohne Perspektive. Das ist kein Leben für junge Menschen.»
Viele junge Menschen – nicht nur Jugendliche, sondern auch 25- bis 30-jährige Frauen und Männer – sind aufgrund der schlechten ökonomischen Situation in Srebrenica (ähnlich wie in vielen anderen Regionen in Bosnien und Herzegowina) gezwungen, gemeinsam mit ihren Eltern und Geschwistern auf engstem Raum in kleinen Mietwohnungen zu leben. Und das vielfach nicht nur in bescheidenen, oft auch in prekären Verhältnissen.
«Es ist schwierig, wenn verschiedene Generationen in einer Wohnung auf engem Raum zusammenleben müssen», sagt Mirjana.
«Nicht nur deshalb, weil es eng ist. Da sind auch noch die vielen Sorgen: die Arbeitslosigkeit, die finanziellen Probleme. Da gibt es dann oft Streit. Da sagen die Eltern zum Beispiel: Geh arbeiten, siehst du denn nicht, dass dein Kind zu essen braucht?»
Trotzdem ziehen Mirjana, Miroslav und Dunja zur Großmutter, leben künftig zu viert auf engstem Raum, drei Generationen auf 32 Quadratmetern. Es wird gehen, weil es gehen muss. Sie wird es aushalten. Aushalten wie die Trennung von ihren Lieben, wenn sie arbeiten muss. Sie wird es aushalten. Sie hält vieles aus. Sie hat keine andere Wahl.
Doch eigentlich träumt Mirjana von einem anderen Leben; von einem Leben in einem kleinen Häuschen, nur mit Miroslav und Dunja.

«Ich besitze zwei Grundstücke. Eines habe ich einer Organisation angeboten, als Geschenk für eine muslimische Familie – unter der Bedingung, dass ich als Gegenleistung Baumaterial für ein Haus auf dem zweiten Grundstück bekomme.»
Der Tauschhandel funktionierte nicht, die Organisation lehnte ab. Verkaufen ließ sich das Grundstück ebenfalls nicht: «Hier hat niemand Geld, um Land zu kaufen.»
So träumt Mirjana weiter.
Ihre Träume werden in Erfüllung gehen. Irgendwann. Hoffentlich.
Sie muss nur ganz fest daran glauben.

Hanka Jusufović, Sarajevo / Zeleni Jadar

«Sarajevo ist schön, Srebrenica ist schöner!»

«Hallo, ich bin Hanka», hatte sie gesagt, als wir sie das erste Mal trafen, in Zeleni Jadar, vor dem Haus ihrer Eltern. Eine junge Frau im Sommerkleid, die blonden Haare zum Pferdeschwanz gebunden. Sie sprach Deutsch mit uns, hatte ihre Sprachkenntnisse aus dem Fernsehen, von Spielfilmen und Talkshows in den deutschen Privatsendern. Sie verbrachte ihre Ferien zu Hause auf dem Bauernhof, war auf dem Weg von der Weide zum Stall.

«Dürfen wir dich nächstes Jahr in Sarajevo besuchen?»

«Kein Problem, ich gebe euch meine Telefonnummer. Ich freue mich, wenn ihr kommt.»

Jetzt sind wir in Sarajevo, der Hauptstadt von Bosnien und Herzegowina. Auch hier sind die Spuren des Krieges noch zu sehen: das zerbombte Altersheim, das ehemalige Regierungsgebäude, völlig zerstört, die Hochhäuser mit den notdürftig renovierten Fassaden. 1425 Tage lang war die Stadt während des Bosnienkrieges belagert gewesen, beschossen von Truppen der ehemaligen Jugoslawischen Volksarmee, mit Lebensmitteln und Zigaretten (!) notdürftig versorgt durch einen Tunnel, der unter dem Rollfeld des Flughafens hindurchführte und dessen Reste heute als Sehenswürdigkeit vermarktet werden. Der Stadtkern von Sarajevo war vom 5. April 1992 an vollständig umzingelt, auf den umliegenden Hügeln und Bergen lauerten die Todesschützen. Sie waren überall – auch am Start der Bobbahn, die für die Olympischen Winterspiele 1984 erbaut worden war. Der Belagerung und den Kämpfen fielen nach Angaben der Regierung

Bosnien-Herzegowinas etwa 10600 Menschen zum Opfer, unter ihnen 1600 Kinder – und weitere 50000 Menschen wurden durch Granaten, Minen oder Scharfschützen zum Teil schwer verletzt.
Aber jetzt lebt Sarajevo wieder. Auf den Plätzen tummeln sich bei schönem Wetter junge Menschen verschiedenster Nationalitäten, sie essen, trinken und plaudern, sie erzählen, lachen und scherzen. In der Baščaršija, die an einen orientalischen Bazar erinnert, gibt es jede Menge Souvenirs zu kaufen, eine Markthalle, in der die verschiedensten bosnischen Spezialitäten verkauft werden, einen Gemüsemarkt und gemütliche Restaurants. Die Einkaufsstraßen unterscheiden sich kaum von denen anderer europäischer Städte. Filialen von Benetton, Esprit, Alessi und Calvin Klein gibts auch hier – und viele Mitarbeiterinnen und Mitarbeiter von internationalen Organisationen, die es sich leisten können, in diesen schicken Geschäften einzukaufen. Etwa 300000 Menschen leben in Sarajevo, Angehörige der verschiedensten Religionen, die Stadt wird auch «Klein-Jerusalem» oder «europäisches Jerusalem» genannt. Moscheen, orthodoxe und katholische Kirchen gehören ebenso zum Stadtbild wie Synagogen. Auffällig sind die vielen Friedhöfe, christliche, muslimische und jüdische – viele davon sind in den 90er-Jahren entstanden.
Hanka Jusufović wohnt ein wenig außerhalb des Stadtzentrums, in einem der Vororte von Sarajevo, auf dem Weg Richtung Flughafen. Nach einigen vergeblichen Versuchen, telefonisch mit ihr Kontakt aufzunehmen, klappt es endlich. Sie beschreibt uns den Weg, hinaus aus der Stadt, vorbei an den neuen Autohäusern mit ihren riesigen Schaufenstern, in denen Mietautos zu haben sind, die täglich mehr als das Doppelte von dem kosten, was die Menschen für die kleinen Wohnungen in den nahe gelegenen Hochhäusern bezahlen. «Bei der nächsten Kreuzung müsst ihr links abbiegen, dann bis zur Tankstelle, davor scharf nach rechts, ein paar hundert Meter – und dort fragt ihr am besten nochmals nach dem Weg.» Wir kennen zwar die genaue Adresse, den Namen der Straße und die Hausnummer: Trotzdem ist es nicht ganz einfach, Hanka in Sarajevo zu finden. Wir fragen einen Mann, der vor einem der Häuser Holz spaltet. «Wen sucht ihr? Hanka Jusufović? Eine Studentin aus Srebrenica? Die wohnt nicht hier.» Wir können es fast nicht glauben. Wir sind in der richtigen Straße. Doch weil an vielen Häusern die Nummern fehlen, wissen wir nicht, wo wir genau

suchen sollen. Nach einer kurzen Diskussion und weiteren Erklärungen lächelt der Mann plötzlich. «Ah, Hanka, ja, unsere Hanka. Drei Häuser weiter wohnt sie. Ein gutes, ein schönes Mädchen.»
«Unsere Hanka.» Und das in Sarajevo. Wir sind überrascht, läuten an der Tür des Hauses, das noch nicht fertig verputzt ist. Der Balkon hat kein Geländer, das Haus trägt keine Nummer, überall sind noch die Reste von Bauschutt zu sehen. Gleich daneben, hinter dem Zaun und ein wenig zurückversetzt, befindet sich ein Schulhaus. Die Glocke kündigt die Pause an, Kinder strömen ins Freie, lachen, scherzen, ein paar Knaben spielen mit einem Ball, andere beißen ins Butterbrot, trinken Coca-Cola.
Hanka öffnet die Tür.
«Ah, da seid ihr ja. Kommt herein.»
Wir gehen durch die Garage, ziehen die Schuhe aus, betreten die Wohnung im Parterre. Es duftet nach frischem Kuchen, Hanka trägt Trainerhose und T-Shirt, hat rote Backen, ist erhitzt von der Arbeit in der Küche. «Jetzt ist Ramadan. Wir kochen für heute Abend.» Ramadan, der Fastenmonat. Von Sonnenaufgang bis Sonnenuntergang wird gefastet, dürfen muslimische Menschen weder essen noch trinken. Aber wenn die Lichter an den unzähligen Moscheen in Sarajevo angezündet werden, wenn der Ruf des Muezzins ertönt, dann gibt's ein Festessen. Abend für Abend.
Die 20-jährige Hanka und ihre Schwester Merima leben bei einer Tante, bei der Schwester ihrer Mutter, bewohnen im Erdgeschoss des Hauses eine Küche, die gleichzeitig Wohnzimmer ist, und ein Schlafzimmer. «Wir sind allein zu Hause, die Tante und der Onkel arbeiten, die beiden Cousins sind auch noch weg», sagt Hanka. Sie ist soeben von der Universität zurückgekommen, von ihrer ersten Stunde. Sie studiert Sozialarbeit, weil sie den Menschen helfen möchte, fünf Jahre wird das Studium dauern, drei Tage pro Woche ist sie an der Universität, zwei Tage hat sie Zeit, um selbstständig zu lernen. Im ersten Jahr müsse sie vor allem Theorie büffeln, im zweiten Jahr dann werde sie ein Praktikum machen. Noch hat sie sich nicht festgelegt, aber sie würde gerne mit Behinderten arbeiten – oder mit Waisenkindern. Auf alle Fälle sei der Anfang heute Morgen gut gewesen, eine fröhliche Stunde, «wir haben den Stundenplan für dieses Semester erhalten, uns ein wenig kennen gelernt».
Merima macht sich am Ofen zu schaffen, während Hanka erzählt. Sie bäckt

Pita und Baklave, bosnischen Strudel und traditionellen Kuchen. Merima ist fünf Jahre älter als ihre Schwester, ausgebildete Maschinentechnikerin, Studentin der Politischen Wissenschaften, eine selbstbewusste junge Frau. Hanka wirkt neben ihr ein wenig unsicher, schaut immer wieder fragend zu ihrer Schwester, wie um sich zu vergewissern, dass es auch stimmt, was sie erzählt. Merima ergänzt zwischendurch, lacht ab und zu – und springt ein, wenn Hanka nicht genau weiß, was sie auf die Fragen antworten soll. Hanka hat mit Safet telefoniert, mit ihrem Neffen, den sie liebevoll als «echten Mafioso» bezeichnet. Lachend erzählt sie, dass sie sich gut verstehen, dass sie ihn gerne provoziert, neckt, dass sie oft mit ihm spielt. Ein lebendiges, ein wildes Kind sei er, sagt sie. «Und manchmal hat er ein schreckliches Bild von dieser Welt.» Ein Bild, das nur selten von jemandem korrigiert wird. Ein Bild, das von einem Krieg geprägt ist, den Safet nur aus Andeutungen und Erzählungen der Erwachsenen kennt. Einem Krieg, dessen Folgen er aber täglich zu spüren bekommt. «Alle männlichen Verwandten seiner Mutter sind im Krieg umgekommen. Sie hat niemanden mehr. Vielleicht sagt sie deshalb nichts, wenn er über die Tschetniks schimpft, die seinen Hund totgefahren haben», sagt Hanka.
An die Kriegsjahre kann sich Hanka nicht mehr sehr gut erinnern. Sie war damals erst neun Jahre alt, ein Kind, die Jüngste in der Familie. Aber sie erinnert sich noch genau an die Angst, die sie in dieser Zeit ausgestanden hat – und sie weiß, dass ihr Vater vor dem Krieg fünf Brüder hatte, dass er als Einziger den Krieg und das Massaker überlebte. Die Tanten haben daraufhin Srebrenica verlassen, sie leben heute in Srebrenik, in Amerika und Deutschland. Manchmal, ja manchmal spricht sie mit ihrer Schwester über den Krieg, darüber, wie es ihnen damals ergangen ist, was sie erlebt haben. «Aber es ist schwierig, über all das Schlimme zu sprechen.»
Anfang Mai 1992, als in Zeleni Jadar erstmals Schüsse zu hören waren, floh die ganze Familie auf einem Lastwagen und einem Traktor nach Luka. Zwei Matratzen und Decken nahmen sie mit, sonst nichts, nach zwei langen Monaten, an die sich weder Hanka noch Merima erinnern können, kehrten sie zurück. Das Haus war kaputt, die serbischen Angreifer hatten alles niedergebrannt. Die Familie lebte bis Anfang 1993 in der Ruine. Im April 1993 sei Srebrenica umzingelt worden, erzählen die Schwestern, die Familie habe ihr «Haus» erneut verlassen, sei auf den Hügel gezogen,

in eines der verlassenen und ebenfalls zerschossenen Häuser, das sie mit einer Plastikplane notdürftig abdeckten, um wenigstens einen Raum bewohnen zu können. «Alle zusammen haben wir in einem einzigen Raum gelebt.» Was dann kam, bezeichnet Merima als «normales Leben». Die Kinder gingen zur Schule, die Eltern bebauten das Land. «Ich weiß noch, dass wir oft Ferien hatten, wegen der Granaten, dass wir eigentlich selten zur Schule gingen», sagt Hanka. Aber der Lehrer, der war gut. Ein wirklich netter Mann.

Dieses «normale Leben» fand im Sommer 1995 ein jähes Ende. «Wir hörten Schüsse. Wir hatten Angst. Und dann kamen die Tschetniks.» Sie stutzt kurz, verbessert sich: «Und dann kamen die Serben.» Auch Hanka und Merima flüchteten mit ihrer Familie Anfang Juli von Zeleni Jadar in die Stadt, auch sie suchten Schutz bei den Uno-Truppen in Potočari.

«Ich kann mich noch daran erinnern, dass wir uns damals trennten, weil es gefährlich war, wegen der Granaten. Ich weiß noch, dass ich meinem Onkel damals zuwinkte, ein letztes Mal zuwinkte ...» Hanka hat diesen Onkel – und alle anderen Brüder ihres Vaters – seither nie mehr gesehen.

Sie sitzt immer noch auf dem Sofa in der Wohnküche, hat jetzt die Beine angezogen, beißt sich auf die Lippe. An die nächsten Szenen erinnert sie sich gut, zu gut. «Wir waren in der Batteriefabrik, als die Serben kamen, als sie die Männer von den Frauen trennten. Wir wussten natürlich nicht, was sie vorhatten – aber wir hatten wahnsinnige Angst. Damir war 16 Jahre alt und sehr groß. Meine Mutter weinte, die Tante hatte die Kontrolle bereits passiert, Merima und ich hielten uns an den Händen.» Hanka macht eine Pause, es ist heiß im Zimmer, die Luft ist stickig, niemand spricht. «Ich hatte solche Angst, dass Damir etwas zustößt, dass wir unseren Bruder verlieren.» Doch Damir überlebte – wie durch ein Wunder und mit Hilfe einer List. Hanka spricht weiter und lächelt ein wenig: «Er hat sich verstellt, hat vorgegeben, behindert zu sein, lallte unverständliches Zeug – und deshalb durfte er passieren.» Die Soldaten brachten die Frauen und Damir auf einem Lastwagen nach Kladanj. «Es waren die richtigen Tschetniks», sagt Hanka, «die, die nachher die Muslime abgeschlachtet haben.»

Eine Nacht verbrachte die Familie in Kladanj, weitere sieben Tage in Srebrenik, in einem leer stehenden Haus, danach zogen sie weiter nach Vozuća. Dreiunddreißig Tage später stieß auch Fadil zur Familie, der

Vater, der sich ebenfalls retten konnte. Er sei durch den Wald geirrt, erzählt Hanka. Bis 2003 lebte die Familie in Vozuća – und kehrte schließlich nach Zeleni Jadar zurück. Den Bauernhof, auf dem ihr Bruder für die Familie sorgt, bezeichnet auch Hanka als ihr Zuhause. Sie ist gerne dort, liebt die körperliche Arbeit als Ausgleich zum Studium. In den letzten Ferien verlegte sie Platten vom Wohnhaus zum Stall, toll war das, schön, am Schluss das Resultat zu sehen. Das Gebiet sei sumpfig, erklärt Hanka, wenn es regnet, entstehen große Pfützen, der Vater und Damir wollen das Gebiet nächstens entwässern, damit rund ums Haus weniger Morast ist. Bis dahin ist der Weg, den sie geschaffen hat, eine willkommene Übergangslösung. Hanka liebt ihre Eltern, bemüht sich, «alles zu machen, was sie wollen». Natürlich gebe es ab und zu auch Differenzen – aber selten. «Vielleicht bin ich von Natur aus so, dass ich nicht zu viel verlange. Außerdem bin ich den Eltern dankbar, dass sie mich unterstützen, damit ich meine Pläne realisieren kann.» Und dann freut sich Hanka natürlich auch darüber, wenn ihr die Mutter heimlich ein paar Mark zusteckt. Ein wenig Extra-Taschengeld. «Mit Damir verstehe ich mich auch sehr gut. Wir streiten fast nie. Er arbeitet schwer. Wenn es eine leichtere Arbeit gäbe für ihn, ich denke, er würde sie annehmen. Aber jetzt hat er ja den Traktor. Ihr hättet ihn sehen sollen, als er damit von Zvornik nach Hause gekommen ist. Er ist immer rund ums Haus gefahren, hat die Wäscheleine runtergerissen und laut gelacht vor lauter Glück.» Hanka wirkt lebendiger, ihr Gesicht ist vor Freude ein wenig gerötet, sie teilt im Nachhinein die Freude des Bruders, lacht ebenfalls. «Das war verrückt. Das könnt ihr euch gar nicht vorstellen!»
Später zeigt uns Hanka die Universität im Zentrum von Sarajevo. Normalerweise fährt sie mit der Straßenbahn dorthin. Die Wagen sind alt und meist überfüllt, die Holzbänke ziemlich durchgesessen, es quietscht und holpert und rattert und stinkt. Die Fahrt kostet 1.50 Mark, für 31 Mark gibt's eine Monatskarte. Zu teuer für Hanka. Sie fährt deshalb meist ohne Karte, als Schwarzfahrerin, was sie lachend zugibt. Weil es nichts Außergewöhnliches ist, das machen viele, vor allem die Jungen. Natürlich gerät sie ab und zu auch in eine Kontrolle – aber dann erklärt sie einfach, dass sie Studentin sei und kein Geld habe. «Dafür haben fast alle Verständnis.» Bisher nämlich musste sie noch nie Strafe bezahlen, bisher kam sie immer gratis ins Zentrum.

Die Universität von Sarajevo liegt in der Nähe des Flusses Miljacka, der jetzt wenig Wasser führt, am gegenüberliegenden Ufer ist die Nationalbibliothek zu sehen, die im 19. Jahrhundert als Rathaus von Sarajevo erbaut, seit 1948 als National- und Universitätsbibliothek genutzt und 1992 schwer beschädigt wurde. In unmittelbarer Nähe der Universität befindet sich zudem die Lateinerbrücke, auf der im Juni 1914 Erzherzog Franz Ferdinand von Österreich-Ungarn und seine Frau Sophie ermordet wurden. Der Eingang zur Universität ist bewacht, wir passieren die Barriere, durchqueren einen Innenhof, gehen die Treppe hinauf – und stehen in der Eingangshalle. Hanka sieht ein wenig fremd aus unter all den Studentinnen und Studenten, die sich vor und hinter dem Eingang drängen, die schwatzen, reden, Kaffee trinken. Junge Leute, die auf eine bessere Zukunft hoffen. Die Universität ist voll, übervoll sogar, bis zu 400 Menschen sitzen während der Vorlesungen in den Hörsälen. Wir gehen in die Bibliothek – und werden ziemlich ungehalten empfangen. «Was wollen Sie denn hier? Das ist doch kein Supermarkt.» Hanka erklärt die Situation, fragt, wo wir uns hinsetzen können. Und wird samt Besuch in den Leseraum geschickt. Studentinnen und Studenten arbeiten in kleinen Gruppen oder einzeln an Tischen, blättern in Büchern, machen Notizen. Es ist sehr ruhig. Es wird nicht geredet, sondern geflüstert. Doch wir erhalten die Erlaubnis, uns an einen Tisch zu setzen und mit Hanka zu unterhalten. «Aber leise, bitte.»
Hanka hat sich gut eingelebt in der Großstadt. Sie genießt das Leben als Studentin und die damit verbundenen Freiheiten – auch wenn sie wahrscheinlich weder Zeit noch Geld hat, um vom mittlerweile wieder reichhaltigen kulturellen Angebot Sarajevos zu profitieren. So finden hier jährlich das Sarajevo-Film-Festival, das Jazz-Festival, das Sommerfestival «Baščaršijske noći», das Theaterfestival «MESS» und das Kulturfestival «Sarajevska Zima» (Sarajever Winter) statt. Aber auch wenn Hanka das alles noch nicht kennt, vielleicht nie Gelegenheit haben wird, es kennenzulernen: Sie kann in der Stadt spazieren, durch die Baščaršija flanieren, das pulsierende Leben genießen – um später festzustellen, dass Sarajevo schön ist. «Aber Srebrenica ist schöner!»
In Merima hat Hanka eine kundige Beraterin, die Tante und der Onkel passen auf, dass die jungen Frauen keine Dummheiten machen und abends rechtzeitig zu Hause sind. Die beiden Schwestern sind in die Fa-

milie der Tante voll integriert, sind nicht nur Untermieterinnen, sondern auch Familienmitglieder. Immer wieder kommt Besuch ins Wohnzimmer: die Schwester des Onkels, die immer jammert und lamentiert und nicht so ganz ernst genommen wird, der Cousin, der mit den beiden jungen Frauen lacht und scherzt, die Tante, die sich erkundigt, ob wir auch gut versorgt werden und alles haben, was wir brauchen. Sie ist Ingenieurin, eine stattliche und energische Frau im dunkelblauen Kostüm, im Business-Look. Sie sieht etliche Jahre jünger aus als Mirsada, Hankas Mutter – obschon sie fast gleich alt ist. Mirsada vergleicht immer wieder ihr eigenes, anstrengendes Leben mit demjenigen ihrer Schwester, ist dann unzufrieden mit ihrem Los, mit dem harten, kargen Leben in Srebrenica. Hanka hingegen liebt Zeleni Jadar, die Natur und die Tiere, das Leben auf dem Land. Sie kann sich gut vorstellen, selbst einmal einen Bauernhof zu übernehmen, als Bäuerin zu arbeiten. «Aber das würde auch heißen, dass ich dann viel arbeiten müsste. Sehr viel.» Die Mutter zum Beispiel stehe täglich um fünf Uhr früh auf und gehe in den Stall, bevor sie die Jungen wecke, das sei schon anstrengend.

Das Städtchen Srebrenica hingegen kennt Hanka kaum. Die Bilder vom alten Srebrenica sind verblichen, die Schulzeit ist fast vergessen, vergessen sind die Freundinnen und deren Namen. Das neue Srebrenica bedeutet Hanka nichts. Sie hat kein Auto, fährt deshalb auch nicht in die Diskothek, sie hat keine Kolleginnen im Städtchen, keine Freundinnen. Dafür hat sie in ihrer Schwägerin Džemka eine neue Freundin gefunden. «Wenn ich in Srebrenica bin, lebe ich das Leben von Džemka. Wir teilen alles, sogar ihr Sohn Safet schläft bei mir.»

Wenn sie das Studium abgeschlossen hat, will Hanka Jusufović ebenfalls heiraten, eine Familie gründen. Einen dunkelhaarigen Mann wünscht sie sich – «aber ich treffe dann sicher einen blonden, obschon ich mir den gar nicht wünsche» – einen, der nett, spontan, witzig und ein bisschen intelligent ist. Und dann will sie Kinder, am liebsten viele. «Das ist natürlich abhängig von der Situation, in der ich dann lebe.» Ob sie ihren Beruf ausüben will? Das weiß sie noch nicht, das hängt von der Abmachung mit dem Ehemann ab, davon, «wer der Kopf und wer der Hals ist». Sie lacht, erklärt den Witz: In Bosnien werde oft gesagt, in einer Ehe sei der Mann der Kopf, aber die Frau der Hals, «was bedeutet, dass die Frau genauso wichtig ist wie der Mann».

Hanka in der Universität und im Café Papagaj ist eine andere als die Hanka im Familienverbund. Selbstständig und locker, aufgeräumt und auskunftsfreudig. Sie spricht gerne über ihr Leben und ihr Studium, muss sich nicht vergewissern, ob das, was sie tut, richtig ist. Hier ist sie nicht die Jüngste, das Nesthäkchen, das erst dann spricht, wenn die anderen fertig sind, das eigentlich zuhören sollte, nicht reden. Hier ist sie eine junge, selbstbewusste Frau, die für uns Kaffee bestellt, über die Feinheiten der bosnischen Sprache diskutiert, über das Leben und die Liebe – und darüber, was der Krieg aus Srebrenica gemacht hat und wie die Zukunft in ihrer Heimat aussehen wird, aussehen soll. «Ich hoffe sehr, dass die Menschen, die vertrieben worden sind, wieder zurückkehren. Aber die Realität sieht anders aus: Immer mehr Leute gehen aus Srebrenica weg, weil sie keine Arbeit und wenig Hoffnung auf eine Zukunft haben. Rundherum ist das Land noch immer vermint. Die Kampflinie hat das Eigentum halbiert. Srebrenica wird erst wieder anfangen zu leben, wenn die Menschen zurückkommen.»

Džemka Jusufović, Zeleni Jadar

«Ich hätte so gerne eine Freundin»

Zeleni Jadar heißt der Weiler, das bedeutet «grüner Garten». Zwanzig Minuten fährt man vom Städtchen Srebrenica hierher mit dem Auto, über einen kleinen Pass, vorbei am orthodoxen Friedhof, am Sägewerk, an einigen Miethäusern. Schmal ist das Tal, links und rechts von Hügeln begrenzt, dazwischen die Straße, auf der kaum je ein Auto fährt. Einsam ist die Gegend, drei Massengräber wurden hier nach dem Krieg entdeckt, ein großer Teil der Felder und Wiesen ist noch vermint und kann deshalb nicht bebaut werden. Auf der rechten Straßenseite ist der Fluss zu sehen, links stehen im Abstand von ein paar hundert Metern zwei Häuser. Beide wurden nach dem Krieg wieder aufgebaut, an beiden konnten die Spuren der Zerstörung nicht zur Gänze getilgt werden.

Das erste gehört der Familie Jusufović, einst die reichsten Bauern der Gegend. Ein Hof mit 50 Hektar Land. Bei unserem Besuch liegen zwei junge Hunde in der Einfahrt, Safet, der Vierjährige, spielt mit ihnen, zieht sie am Schwanz, lacht, verpasst dem einen einen leichten Tritt mit dem Fuß.

«Safet, hör auf!», ruft Džemka, seine Mutter.

Džemka, 23 Jahre alt, ist die Bäuerin, eine warmherzige, freundliche und offene junge Frau, die gerne lacht. Ihr Ehemann ist Damir, der einzige Sohn von Fadil und Mirsada Jusufović, der einzige «richtige» Bauer, den wir in Srebrenica getroffen haben. Ein Landwirt, der sich für neue Anbau- und Viehhaltungsmethoden interessiert, der seinen Betrieb weiterentwickeln will. Džemka und Damir haben drei Kinder: Safet ist der Älteste, der einzige Sohn, der Stammhalter, ein wildes Kind, das viel Aufmerksamkeit verlangt, viel Freiheit braucht. Seine beiden Schwestern – Hurija, die von allen Lela genannt wird, und Amina – sind zweieinhalb Jahre und zwei Monate alt.

Džemka ist ein wenig aufgelöst: Sie wollte die Wäsche aufhängen, während Lela und das Baby schliefen, wollte die Zeit nutzen, um danach noch ein wenig im Garten zu arbeiten. Doch Lela wachte auf – und nutzte die Gelegenheit: Sie spielte mit der Asche, verteilte diese gleichmäßig in der Küche und auf ihren Kleidern. Džemka musste von vorne anfangen mit dem Putzen und Waschen, ist noch nicht fertig geworden, also auch nicht bereit für den Besuch. Sie wischt ihre nassen Hände am Rock ab, lacht über ihre Tochter, schaut sie liebevoll an, nimmt sie auf den Arm und streicht ihr die schmutzigen, verklebten Haare aus dem Gesicht. Lela schaut uns unsicher und skeptisch an. Sie weiß genau, was sie angerichtet hat – doch mit den drei fremden Frauen kann sie offensichtlich nichts anfangen.

Später sitzen wir im Wohnzimmer, trinken Kaffee und Fruchtsaft, die Kinder kritzeln in verschiedensten Farben Striche auf Papier, streiten um die Buntstifte. Safet ist bereits aufgetaut, setzt sich in Szene, Lela braucht noch ein wenig Zeit, um sich an den Besuch zu gewöhnen. Džemka erzählt. «Damir ist ein guter Mann», sagt sie und lächelt. Vor sechs Jahren haben die beiden geheiratet. Schnell geheiratet. «An einem Freitag habe ich Damir zufällig in der Stadt getroffen. Ich habe ihn nicht gekannt, er war während des Krieges nach Deutschland geflüchtet und erst 1998 wieder zurückgekommen. Du gefällst mir, habe ich gesagt, willst du mein Freund sein? Er wollte. Am darauffolgenden Freitag haben wir uns verlobt, am nächsten Freitag geheiratet.» Džemka lacht ein wenig verlegen. «Was hätte ich denn sonst tun sollen? Ich hatte keine andere Wahl, sah keinen Ausweg. Meine Mutter war gerade gestorben, ich hatte keine Unterkunft, wusste nicht, wovon ich leben sollte.» Die Fotos von der Hochzeit zeigen eine ernste, schweigsame Gesellschaft, Džemka als sehr junge Braut im blütenweißen Kleid, sie wirkt fast verkleidet, blickt scheu in die Kamera – und ziemlich sorgenvoll in die Zukunft.

Jetzt ist sie mit ihrem Leben zufrieden. «Mir gefällt hier alles, es gibt nichts, was ich nicht machen will, was ich nicht machen kann. Ich habe mich an dieses Leben gewöhnt.» Gewöhnt daran, von morgens früh bis abends spät zu arbeiten, nicht mehr ausgehen zu können, keine Zeit mehr für sich zu haben, sich nicht schön machen zu können. Sie hat sich daran gewöhnt, den Tag aufzuteilen zwischen der Arbeit auf dem Feld, im Stall, in Haus und Garten und mit den Kindern. «Und Damir ist ein guter Mann.»

«Ich liebe Džemka», sagt Damir einige Tage später. «Ich habe sie noch nie geschlagen, fragt sie selbst, das ist so, wirklich. Džemka ist eine gute Frau, sie hat keine Flausen im Kopf wie die anderen, sie macht, was sie machen muss, sie sorgt gut für die Familie und die Kinder.»

«Meine Ehe mit Damir könnte nicht besser sein», erklärt Džemka. «Den Kindern ist er ein guter Vater. Er sagt zur Kleinen immer, sie sei hässlich, aber dann küsst er sie. Und wenn sie lacht, lacht er auch.»

Džemkas Familie ist diejenige ihres Ehemannes. Gemeinsam leben sie mit ihren drei Kindern und Damirs Eltern im selben Haus, das mit Geld von einer Hilfsorganisation neu aufgebaut werden konnte. Damirs Schwestern – Hanka und Merima – studieren in Sarajevo, Fadil und Mirsada, die Eltern erhalten eine kleine Rente und arbeiten auf dem Bauernhof mit. Damir verdient das Geld für die gesamte Familie mit dem Transport und dem Handel mit Holz. Seit einem Jahr steht ihm dafür ein Traktor – ebenfalls ein Geschenk einer Hilfsorganisation – zur Verfügung. Ein Traktor mit Vorderachsantrieb und 70 PS, «ein Italiener, der über Holland und einen Importeur aus Zvornik nach Srebrenica gekommen ist», erzählt Damir stolz. In drei Tagen kann er damit an die 15 Kubikmeter Holz transportieren – doppelt so viel, wie dies mit den Pferden möglich wäre. «Dieser Traktor ist super», sagt auch Džemka. Damir sei jetzt am Abend nicht mehr so müde – und könne zudem noch mehr Geld verdienen. Geld, das sie zum Leben brauchen. Die neue Waschmaschine habe 670 Mark gekostet, mit den Kindern muss sie regelmäßig zum Arzt nach Srebrenica, dafür braucht sie ein Taxi. Das kostet zwischen 20 und 30 Mark, «je nachdem, ob der Fahrer Bosniake oder Serbe ist».

Zwei Pferde, zwei Ochsen, acht Kälber und sechs Kühe sowie 70 Hühner gehören zum Hof. Angebaut werden Kartoffeln, Zwiebeln, Paprika, Weißkohl, Blumenkohl, Mais und Kürbisse. Alles für den Eigenbedarf. Schließlich besteht die Familie aus neun Personen. «Aber noch immer kann wegen der Minen nur ein kleiner Teil des gesamten Gebietes genutzt werden», erzählt Džemka. Und auch hier gibt es keine absolute Sicherheit.

«Erst kürzlich hat meine Schwiegermutter mitten im Maisfeld eine Mine gefunden.» Zum Glück ist nichts passiert.
Aufgewachsen ist Džemka in Sućeska, zwölf Kilometer von Potočari entfernt, auf einem Bauernhof, gemeinsam mit zwei Schwestern und einem Bruder. Dieser lebt heute in Amerika, die Schwestern sind in Sarajevo und Tuzla verheiratet, haben je zwei Kinder, betreuen zusätzlich die Schwiegermütter, deren Männer im Krieg getötet wurden. Džemkas Vater ist seit damals ebenfalls verschwunden, vermisst, wahrscheinlich tot, die Mutter starb im Jahr 2000 an einem Hirntumor. Ihre letzten Stunden sind auf Fotos festgehalten. Sie zeigen Džemka am Bett ihrer Mutter im Krankenhaus, zeigen die tote Mutter, zurechtgemacht für das Begräbnis. «Wir wohnten gemeinsam in einem serbischen Haus in Vozuća. Dort wollte ich alleine nicht bleiben. Im November 2000 heiratete ich Damir.» Safet und Lela sind begeistert von den Bildern, sie kommentieren alles, was sie sehen, trinken dazwischen Saft und essen Kekse. Sie staunen über einige der Fotos, die ihre Mutter vor der Hochzeit zeigen – eine ganz andere Džemka: eine junge, ziemlich stark geschminkte Frau im Kreis ihrer Freundinnen, ausgelassen feiernd, lachend.
«Bist du das?»
«Ja, aber das ist lange her.»
Džemka legt die Fotos beiseite, wechselt abrupt das Thema.
Zu ihren Geschwistern hat Džemka wenig Kontakt. Im Sommer findet sie keine Zeit für Besuche, keine Zeit zum Schreiben. Im Winter macht der Schnee die Straßen unpassierbar, das Reisen gefährlich. Zudem hat sie keinen Telefonanschluss – und wenn sie das Mobiltelefon benützen will, muss sie vom Haus weg und ein Stück den Hang hinaufgehen. Zum Beispiel dann, wenn sie einen Arzttermin abmachen will oder ein Taxi rufen muss. «Hier unten haben wir keinen Empfang.» Von ihrem Bruder hat Džemka seit einem halben Jahr nichts gehört. Das macht sie traurig. Aber mit ihm ist der Kontakt wegen der Zeitverschiebung noch schwieriger als mit den Schwestern. Dabei wäre es schön, wieder einmal von ihm zu hören. Sie weiß, dass er vor einem Monat zum zweiten Mal Vater geworden ist. Sonst weiß sie nichts.
Džemka nimmt Amina aus der Tragtasche, weil sie zu weinen begonnen hat. Sie stillt das Baby. Und erhält so Gelegenheit, sich eine kurze Pause zu gönnen – bevor sie auf das Feld geht, um die Kühe zu melken.

«Ihr müsst euch jetzt waschen und den Pyjama anziehen. Danach gibts Abendessen.»
Die Großmutter übernimmt die Kinder, sorgt dafür, dass sie sich die Zähne putzen und keinen Unsinn machen. Džemka verlässt das Haus.
Der Schwiegervater hat die Kühe von der Weide über den Bach und die Straße hinters Haus getrieben, bindet sie an Pflöcken fest, damit sie gemolken werden können. Džemka trägt einen langen, weiten Rock, hat die Haare zusammengebunden und mit einem Kopftuch geschützt, sie wäscht sich sorgfältig die Hände, danach reinigt sie – mit genauso viel Sorgfalt und sehr routiniert – das Euter der ersten Kuh. «Eine Schweizer Kuh», sagt sie, lacht wieder, «die gibt bessere Milch als die anderen, hat letztes Jahr ein tolles Kalb bekommen. Eines, das viel widerstandsfähiger ist als die anderen.» Džemka kauert neben der Kuh, zieht rhythmisch an deren Zitzen, die weiße Milch spritzt in einem regelmäßigen Strahl in den Plastikeimer. 25 Liter Milch geben die Kühe täglich, der erste Eimer ist jeweils für die Kälber, und auch für die jungen Hunde schüttet Džemka ein wenig in einen Napf. «Damir hat die beiden im Wald gefunden und mit nach Hause gebracht», erzählt sie. «Unsere anderen Hunde haben die Nachbarn erschossen. Serben, die weiter vorne in der kleinen Siedlung leben.» Die Bemerkung fällt nebenbei. Und ist doch wichtig. Auch wenn die Familie Jusufović mit den benachbarten Bauersleuten, mit Ilić und Mirjana Radivoje, nach wie vor in gutem Einvernehmen lebt. «Das war vor dem Krieg schon so, wir haben uns geholfen, wenn es nötig war, und daran hat sich nichts geändert.» Doch der Krieg hat die Menschen skeptisch gemacht, hat das Vertrauen nachhaltig zerstört. Ob sich das je wieder ändert?
«Tschetniks haben meinen Hund totgefahren», erzählt Safet einige Tage später ganz aufgeregt. Er ist überzeugt davon, dass seine Geschichte stimmt – auch wenn niemand gesehen hat, wie und wo es passiert ist. Die Tschetniks. Sie haben all die Menschen umgebracht, die auf dem Friedhof liegen. Sagt Safet. Niemand widerspricht, niemand will schuld daran sein, eine Diskussion entfacht zu haben. Safet schiebt das Kinn vor, macht eine wegwerfende Handbewegung. Und wendet sich dann wieder seinem Spielzeugtraktor zu. Er ist nicht so schön wie der richtige, der seinem Vater gehört und auf dem er ab und zu sitzen darf, aber immerhin ist es ein Traktor. Ein richtiger Bauer braucht einen Traktor. Ob Safet einmal ein

solch richtiger Bauer werden wird? Noch ist die Zukunft unklar. Diejenige von Safet – aber auch die der gesamten Familie. Džemka wünscht sich für ihre Kinder, dass sie eine gute Schulbildung erhalten, später ein gutes Leben haben, dass sie zufrieden sind mit dem, was sie haben. Dafür arbeitet sie, dafür lebt sie. Und gesund sollen sie bleiben, die drei. Safet wird später einmal den Bauernhof übernehmen, wenn er will. Doch falls er lieber zur Schule geht und etwas anderes machen will, dann finden Džemka und Damir eine andere Lösung.

Džemkas Kinder werden einen weiten Schulweg haben. Um sieben Uhr morgens fährt der Schulbus nach Srebrenica, um 15.30 Uhr von dort zurück nach Zeleni Jadar. Das heißt, dass Safet schon bald den ganzen Tag in der Stadt verbringen wird. Was er dort wohl macht, wenn der Unterricht zu Ende ist, während er auf den Schulbus wartet? Safet, der mit allem spielt, was er im Wald, neben der Straße oder sonst irgendwo findet? Mit Benzinkanistern und Ölkannen zum Beispiel, aber auch mit Stöcken und Blättern. Džemka zuckt unsicher die Schultern. Es wird nicht einfach werden für ihn. Aber es gibt keine Alternative. So ist das Leben.

Die Arbeitsteilung auf dem Bauernhof scheint gut zu funktionieren. Aber es ist klar, dass der Großteil der Arbeit auf den Schultern von Džemka lastet. Damir ist tagsüber selten zu Hause, Džemka wäscht und kocht und putzt, besorgt das Vieh und die Felder, legt Gemüse ein, macht Butter und Käse. Die Schwiegereltern passen zwischendurch auf die Kinder auf. Doch Mirsada ist krank, hat Hepatitis, muss viel zum Arzt. Džemkas Verhältnis zur Schwiegermutter ist nicht sehr gut. Die Schwiegertochter lässt sich nicht gerne herumkommandieren, hat das Gefühl, sie könne der Mutter ihres Ehemannes nichts recht machen. Dabei arbeitet sie fast Tag und Nacht – und das, obschon sie selbst nicht gesund ist. Džemka erzählt von starken Schmerzen im Unterbauch, sagt, dass sie manchmal nur ganz gekrümmt gehen könne. Der Arzt hat eine Zyste festgestellt, hat ihr geraten, ein drittes Kind zu bekommen, weil eine Schwangerschaft heilend wirken könne. Jetzt ist das Kind da – die Schmerzen aber sind noch nicht verschwunden. In Kürze muss Džemka zur Nachuntersuchung – und dann wird entschieden, wies weitergehen soll. Und vielleicht, ja vielleicht hat die Schwangerschaft ja geholfen.

«Manchmal wird mir alles zu viel», sagt Džemka auf der Fahrt nach Srebrenica leise. Sie muss mit dem Baby ins Krankenhaus, das Gesäß ist feuerrot, Amina weint oft, hat Schmerzen. Zweimal täglich bekommt sie eine Injektion gegen die Entzündung, zweimal täglich muss Džemka deshalb mit ihrem Kind in die Stadt fahren. Hausbesuche sind nicht möglich. «Wir führen wirklich ein mühsames Leben.» Aber wenn sie schon in der Stadt ist, will sie auf dem Sozialamt vorbeischauen und ein Paket abholen. Sie freut sich auf dieses unerwartete Geschenk. Es soll Sachen fürs Baby enthalten, sie weiß zwar nicht, was es genau ist. Aber immerhin. Es gibt ja nicht alle Tage ein Geschenk abzuholen. Džemka verschwindet hinter der Eingangstüre – und kommt wenig später mit enttäuschtem Gesicht zurück. Sie hat das Paket nicht erhalten, hätte die Geburtsurkunden der beiden anderen Kinder vorzeigen müssen, um zu beweisen, dass Amina wirklich das dritte Kind ist. Geburtsurkunden aber werden am Ort der Geburt ausgestellt – bei Safet und Lela war das Zenica, nördlich von Sarajevo gelegen, mit dem Bus eine Tagesreise von Srebrenica entfernt – und seien nur sechs Monate lang gültig, sagt Džemka. Wenn sie also das Paket abholen will, muss sie sich die Urkunde besorgen. In Zenica. Leider, hätten die Frauen im Sozialamt, alles Serbinnen, gesagt, leider. Vorschrift ist Vorschrift.
Der Bürgermeister hingegen, immerhin oberster Chef der Angestellten im Sozialamt von Srebrenica, erklärt, die Frauen hätten nach Zenica faxen können – und innerhalb von wenigen Stunden wäre die Urkunde da gewesen. Schließlich, nach einigem Hin und Her und nachdem der Bürgermeister einen Tag später selbst interveniert hat, können wir Džemka das Paket bringen. Sie muss dafür einen Fragebogen ausfüllen. Weil das Geschenk von der Republika Srpska kommt, die mit diesen Paketen den aktuellen Geburtenrückgang bekämpfen will. Einen massiven Geburtenrückgang, der nicht nur mit der schwierigen ökonomischen Situation in Bosnien und Herzegowina zu tun hat, damit, dass sich viele Familien ein zweites oder gar drittes Kind nicht leisten können. Er ist eine von mehreren Spätfolgen des Krieges, unter denen die Frauen in Bosnien und Herzegowina leiden. Viele von ihnen haben als Folge der erlittenen Traumata gesundheitliche Probleme, sind depressiv, unfruchtbar, verlieren ihre Kinder in den ersten Schwangerschaftswochen oder erkranken an Gebärmutterkrebs.

Jetzt muss Džemka den Fragebogen ausfüllen. Das aber ist nicht so einfach: Erstens ist er in kyrillischer Schrift verfasst – und die kann weder Džemka noch die Übersetzerin gut lesen. Und dann enthält er Fragen, die eigentlich von einer der Mitarbeiterinnen vor Ort beantwortet werden müssten. Fragen zu den Wohnverhältnissen, zur aktuellen Situation der jeweiligen Familie. Fragen, in denen es darum geht, die familiären und ökonomischen Verhältnisse zu beurteilen. Džemka kann diese Fragen gar nicht beantworten, kann also auch den Fragebogen nicht unterschreiben – und wir bringen das unvollständig ausgefüllte Formular ins Sozialamt zurück. Hier erfahren wir, dass die Sozialarbeiterinnen fast ausschließlich diejenigen Familien besuchen, die im Städtchen selbst wohnen und deshalb gut erreichbar sind. Zu wenig Zeit, keine Autos, kein Geld. Überall bekommen wir dieselben Antworten.

Doch jetzt wird zuerst einmal ausgepackt: Das Paket entpuppt sich als wahre Wundertüte: Krabbeldecke und Duvet kommen zum Vorschein, Schuhe – «die bekommst du, Lela, die passen dir genau» – und Hygieneartikel. Safet und Lela sind begeistert, Džemka und ihre Schwiegermutter freuen sich ebenfalls. Damir kommt wenig später von der Arbeit nach Hause, er nimmt die jüngste Tochter auf den Arm, erkundigt sich danach, was der Arzt gesagt hat, freut sich über die Geschenke. Und sagt, dass er in den nächsten Tagen die Baumstämme verkaufen wird, die er aus dem Wald geholt hat. Für gutes Geld verkaufen. Geld, mit dem Džemka und Damir, die Eltern und Geschwister und die drei Kinder wieder eine Weile über die Runden kommen.

Džemka mag Damirs Schwestern. In den Ferien gehören sie auch zur Familie, jetzt sind Hanka und Merima Jusufović in Sarajevo, bei der Tante, der Schwester der Mutter. Beide studieren. Wenn sie nach Zeleni Jadar kommen, bringen sie Geschichten aus der Hauptstadt mit, erzählen von einem ganz anderen Leben, von der Universität und der Straßenbahn, von den Studentinnen und Studenten, vom Café Papagaj, von Onkel, Tante und Cousin. Ob Džemka auch gerne in der Stadt wäre? Nein, sie sei lieber auf dem Bauernhof, sagt sie, «ich bin nie gerne zur Schule gegangen». Doch Džemka freut sich sehr, wenn ihre Schwägerinnen aus der Stadt nach Hause kommen, freut sich über die Gesellschaft der beiden jungen Frauen. «Wir sind wie Schwestern», sagt sie. Merima und Hanka helfen Džemka

bei der Arbeit, sie spielen mit den Kindern – und fühlen sich in Zeleni Jadar nach wie vor zu Hause.
Die Türe geht auf, Vida Jovanović betritt den Raum. Sie ist nicht zu übersehen – und schon gar nicht zu überhören. Sie erzählt das Neueste aus Srebrenica, schimpft über die Behörden, die Nachbarn, die internationalen Organisationen. Oben auf dem Berg in Bukova Glava hatte sie ein Haus, jetzt steht dort nichts mehr, die neu renovierte Straße ist bereits wieder kaputt, es ist ein Elend. Vida, eine Serbin, ist regelmäßig Gast im Haus der bosniakischen Familie, sie kommt zwischendurch auf einen Kaffee – wie andere Bekannte und Nachbarn auch. Džemka und ihre Familie sind sehr gastfreundlich, heißen alle willkommen, die vorbeischauen wollen, machen keinen Unterschied zwischen serbischem und bosniakischem Besuch. Wenn Vida schimpft, nehmen sie das nicht allzu ernst. «Hauptsache, wir haben Frieden», sagt Džemka. Und: «Ihr müsst unbedingt wiederkommen.» Nach einer kurzen Pause fügt sie fast scheu hinzu: «Ich hätte so gerne eine Freundin.»

Dragana Nikolić, Srebrenica

«Ich liebe die Gerechtigkeit ...»

Wir wollten Kaffee kaufen, im Zentrum von Srebrenica. Genauer gesagt dort, wo früher das Zentrum war, wo der Krieg eine Spur der Verwüstung hinterlassen hat. Die Häuser waren niedergebrannt, zerstört. Wo damals die Altstadt war, klafft heute eine Lücke. Nur langsam beginnt sich so etwas wie ein normales Geschäftsleben zu entwickeln. Ein paar Lebensmittelgeschäfte, in ziemlicher Übertreibung Supermärkte genannt, sind zu sehen, eine Frau verkauft Kaffee in Souvenirpackungen mit Bildern vom alten, vom florierenden Srebrenica. In unmittelbarer Nähe der Müllcontainer, dort, wo im Herbst die Männer das Holz hacken, um für den Winter gerüstet zu sein, gleich neben der Bushaltestelle und dem notdürftig renovierten Café steht ein kleines Geschäft, in dem Obst und Getränke, Milch und Brot verkauft werden. In diesem Tante-Emma-Laden mit der schönen alten Waage trafen wir Dragana Nikolić zum ersten Mal. Eine zurückhaltende, junge Frau mit schmalem Gesicht, die langen, dunklen Haare zurückgebunden. Ernst war sie, bemühte sich, uns zuvorkommend zu bedienen, obwohl wir sie nicht verstanden, sie uns nicht verstand. Es war Frühling, im Sommer sollte die große Gedenkfeier sein, der zehnte Jahrestag des Massakers, im Herbst wollten wir wiederkommen, wollten mit ihr sprechen. Ob sie uns von ihrem Leben erzählen würde?

«Ich weiß nicht.»

Sie werde es sich überlegen, sagte sie, vielleicht, wenn sie Zeit habe, aber sie wisse ja gar nicht, was sie uns erzählen könne. Wahrscheinlich hoffte

sie insgeheim, dass wir nicht wiederkämen, dass wir unsere Anfrage vergessen, dass wir andere Interviewpartnerinnen finden und sie in Ruhe lassen würden. Weil es ihr schwerfällt, über ihre zerstörten Träume zu sprechen, über ihr Leben in Srebrenica, das so ganz anders aussieht als das Leben, das sie sich eigentlich gewünscht hatte.
Mittlerweile hat der Herbst in Srebrenica Einzug gehalten, Dragana steht im Geschäft wie vor einem halben Jahr, sie hat sich darauf vorbereitet, von ihrem Leben zu erzählen. Doch jetzt, nein, jetzt kann sie nicht weg, sie muss arbeiten, sollte auch keine Privatgespräche führen, muss für die Kundinnen und Kunden da sein. Der Chef ist streng, sagt sie, sie will keine Rüge riskieren. Es kann sein, dass er vorbeikommt, um zum Rechten zu schauen, zu kontrollieren. «Dann müsst ihr so tun, als wäret ihr normale Kundinnen, die hierher gekommen sind, um einzukaufen.» Dragana ist sichtlich nervös, wir vereinbaren ein Zeichen, das sie uns geben soll, falls der Chef auftaucht. Wenig später kommt ein Mann ins Geschäft. Es ist ein Kunde, nicht der Chef. Dragana verkauft ein Getränk und ein Paket Drina, bosnische Zigaretten. In vier Stunden ist ihre Schicht zu Ende. «Dann können wir uns unterhalten, wenn ihr wollt. Ihr könnt mich hier abholen.» Wir bedanken uns und gehen. Dragana ist erleichtert.
Um zwei Uhr warten wir vor dem Geschäft. Dragana spricht mit ihrer Kollegin, lächelt unsicher. Sie ist immer noch nervös, wirkt verschlossen. Wir schlagen ihr vor, in das Café gleich gegenüber zu gehen. Dass es geschlossen ist, spielt keine Rolle, wir könnten uns ja auf die Terrasse setzen.
Dragana lächelt ungläubig. «Auf die Terrasse? Wenn das Café geschlossen ist? Was werden da die Leute denken? Und was werden sie sagen? Nein, das möchte ich lieber nicht.» Ein anderes Lokal? Die Auswahl ist nicht groß – Dragana kann sich trotzdem nicht entscheiden. Vielleicht möchte sie nicht mit uns gesehen werden, mit den Ausländerinnen, die Fragen stellen, die wissen wollen, die eine Vergangenheit heraufbeschwören, die viele Menschen hier endlich vergessen wollen.
Wir entschließen uns, mit Dragana zum Crni Guber zu fahren. Dorthin, wo früher das Thermalbad war, das wesentlich zum Erfolg von Srebrenica beigetragen hatte. 48 mineralhaltige Quellen entspringen in der Region, das Wasser enthält Eisen und diverse Mineralstoffe, hilft bei verschiedensten Leiden. So wurden im florierenden Thermalbad einst Kuren gegen Blut-

armut und Nierenleiden, gegen Augenkrankheiten und Rheumatismus, gegen Rachitis, neuro-vegetative Störungen, chronische Hautprobleme und Unfruchtbarkeit angeboten. Mit großem Erfolg. Hilfe Suchende aus dem ganzen Land kamen nach Srebrenica, um sich therapieren zu lassen, um sich auszuruhen, zu erholen. Bekannt war Crni Guber auch für sein Schönheitswasser. «Wer sich damit wäscht, sieht schöner und gesünder aus, hat eine reinere Haut – und bei vielen konnten sogar die Falten nachhaltig geglättet und Akne und Pickel zum Verschwinden gebracht werden», behauptet eine kürzlich neu aufgelegte Broschüre.

Crni Guber liegt ein wenig außerhalb von Srebrenica. Die Fahrt führt durch einen wunderschönen Herbstwald, die Sonne taucht alles in weiches Licht, die Umgebung wirkt fast geheimnisvoll, verzaubert. Die Straße ist schmal und ausgewaschen, zwei alte Männer sitzen auf einer Bank, sehen uns verwundert nach. Dragana ist schweigsam. Sie sei schon lange nicht mehr hier gewesen, sagt sie. «Ich habe keine Zeit, um spazieren zu gehen.» Und was soll sie auch hier machen? Die Ruinen anstarren? Die Schönheit des Waldes genießen? Was uns so friedlich erscheint, erinnert sie an all das, was nie mehr wiederkommen wird. Was wir bewundern, verursacht bei ihr Wehmut. Und überhaupt: Der Platz hier sei abgelegen, «es ist keine gute Gegend». Abfall liegt herum, die Ruine des einstigen Hotels kündet vom Krieg, von Kämpfen, Tod und Verwüstung. Die Heilquellen sind zwar zum Teil noch mit Schildern gekennzeichnet, doch sonst ist vom ehemaligen Glanz nichts geblieben. Weder Kurgäste noch Betriebsamkeit, weder Gelächter noch Stimmengewirr. Nur das Wasser, das leise gurgelnd über die Steinstufen fließt, nur der Wald, das Säuseln des Windes in den Blättern – und die Erinnerung.

Wir parkieren das Auto, setzen uns auf eine Mauer. Ein Schmetterling fliegt vorbei, die Steine im Wasser glänzen silbrig, schillern in verschiedenen Farben. Dragana hat kein Auge für die Schönheiten der Natur.

«Der Krieg hat alles durcheinandergebracht», sagt sie, «hat all unsere Pläne zunichtegemacht.» Dragana spielt mit dem Goldring an ihrem Finger, sie hat gepflegte, schmale Hände, denen man die viele Arbeit nicht ansieht.

Sie hätte gerne Kriminalistik studiert. Oder Recht. Internationales Recht. «Es ist ein Wunsch, der ganz von innen kommt. Ich liebe die Gerechtigkeit.

Mit Gerechtigkeit könnten wir vielleicht etwas ändern an den Umständen, könnten zu einem besseren Leben beitragen.»

Vielleicht sei es Schicksal. Ein grausames Schicksal. Dragana kämpft gegen die Tränen, wischt sich mit einer ungeduldigen Bewegung über die Augen, die Stirn. 28 Jahre ist sie alt, gemeinsam mit ihren Eltern und ihrer drei Jahre jüngeren Schwester lebt sie in Srebrenica in einer kleinen Wohnung. Der Vater habe jahrelang in einer Baufirma gearbeitet, erzählt sie, diese sei jedoch Pleite gegangen. «Eineinhalb Jahre fehlten meinem Vater zur Pensionierung, als alles auseinandergefallen ist. Eineinhalb Jahre zu einer normalen Rente.» Jetzt müssen Dragana und ihre Schwester für die Eltern sorgen. «Meine Arbeit gefällt mir überhaupt nicht», sagt sie. Die Arbeit sei nicht gut, die Bedingungen seien ebenfalls schlecht. «Ich muss arbeiten, ich bin dazu gezwungen.» Sie hat keine Wahl, musste nehmen, was ihr angeboten wurde – und weiß genau, dass es denen, die keinen Job haben, noch schlechter geht. Doch das tröstet Dragana nicht.

Tag für Tag steht sie im Geschäft, von sieben bis vierzehn oder von vierzehn bis einundzwanzig Uhr, je nach Schicht. Alle zwei Wochen hat sie am Sonntag frei, die anderen Sonntage jedoch muss sie zum Ausgleich durchgehend arbeiten, vierzehn Stunden am Stück. Vier Jahre und neun Monate lang sei sie bereits in diesem Geschäft angestellt, sagt sie, ohne Versicherung, ohne Sozialleistungen. «Alle wissen, dass das hier so läuft. Wenn das mein Chef hören könnte – aber es ist die Wahrheit!» Neben ihrer Berufstätigkeit hilft Dragana ihrer Mutter im Haushalt, sie liest viel – vor allem Bücher von Agathe Christie und Ivo Andrić, aber auch Tageszeitungen und Journale, sie schaut Videos, löst Kreuzworträtsel und bildet sich weiter. Kürzlich hat sie bei einer der vielen internationalen Hilfsorganisationen, die in Srebrenica präsent sind, einen Englisch- und einen Computerkurs absolviert, hat Nähen gelernt, Musikstunden genommen – und vor einigen Monaten den Führerschein erworben. Die Frage nach einem Auto erübrigt sich: Eine junge Frau, die für ihre Eltern sorgen muss, kann sich in Srebrenica kein Auto leisten.

Kontakte zu Gleichaltrigen pflegt Dragana kaum, ab und zu geht sie ins Café. In jenes, in dem sich die Jungen treffen, wo den ganzen Tag hindurch Musik zu hören ist. Aber oft ist sie auch zu müde, um irgendetwas zu unternehmen. Die Arbeit sei anstrengend, sagt sie, «das lange Stehen, die karge Freizeit ...». Außerdem bietet Srebrenica für junge Menschen wenig Abwechslung: «Es gibt weder Kino noch Theater, keine Kunst- oder Kulturveranstaltungen», sagt Dragana. Im Rahmen der Gedenkfeierlichkeiten sei ein Raum als Kino eingerichtet gewesen, ja, das stimme, aber das sei jetzt auch wieder vorbei. Und das frühere Kino sei zwar im letzten Jahr restauriert und jetzt neu eröffnet worden. «Aber nicht als Kino, sondern als Raum für Hobbymusiker.» Dragana war noch nie dort. Bisher hatte sie offensichtlich weder Lust noch Zeit und Gelegenheit, sich selbst ein Bild vom neuen Angebot zu machen.

Sie holt ihr Handy aus der Tasche, ruft die Mutter an, um ihr zu sagen, dass sie noch länger nicht nach Hause kommt. «Meine Mutter ist ein wenig altmodisch», sagt sie, und dass sich die Familie Sorgen mache, wenn sie sich verspäte. «Ich bin sehr verbunden mit meiner Familie, mit meiner Mutter und meiner Schwester, es ist vielleicht nicht ganz normal, ich weiß, schließlich bin ich schon 28, aber es ist so.»

Dragana hat sich bei der Gemeinde um eine Arbeitsstelle beworben, beim Gericht. Schließlich habe sie ja das Gymnasium absolviert, könnte etwas anderes machen als Kaffee und Milch und Käse und Obst zu verkaufen. Doch sie hatte keine Chance. «Alle jungen Menschen hier sind in Privatgeschäften angestellt, müssen unter misslichen Bedingungen arbeiten. Meine Schwester auch – dabei ist sie eigentlich Physiotherapeutin. Die wirklich guten Jobs in der Gemeinde und bei den Behörden bekommen in Srebrenica nur die, die Beziehungen haben», beklagt sie sich.

«Was ist ein guter Job?»

«Eine Arbeitsstelle mit freien Wochenenden, mit geregelten Arbeitszeiten, mit Sozialleistungen und einem Lohn, der uns hilft, ein einigermaßen normales Leben zu führen.» Dragana kennt Leute, die solche Jobs haben – obschon sie nicht dafür ausgebildet wurden. Nur deshalb, weil sie jemanden kennen, der jemanden kennt. Jemanden mit Einfluss, mit Macht. Draganas Gesicht ist abweisend geworden, verschlossen. Sie findet sich nur schwer damit ab, dass das Leben so ungerecht ist.

«Es muss sich einiges verändern in Srebrenica», sagt Dragana.

«Ich weiß selbst nicht genau, was passieren muss, damit die Stadt wieder eine Zukunft hat. Aber ganz sicher müssen Arbeitsplätze für junge Menschen geschaffen werden. Viele Eltern haben kein Geld, um die Kinder

1,30
1,60
1,30
1,30
1,50
1,00
1,00
Airwaves
Airwaves
0,40
0,90
0,50
0,70
1,20

zur Schule zu schicken, sie erhalten keine Kredite, um Häuser zu bauen oder zu kaufen. Aber am wichtigsten ist die Arbeit. Denn wer keinen Arbeitsplatz hat, bekommt auch keinen Kredit – weil keine Chance besteht, diesen jemals wieder zurückzahlen zu können. Mit den 260 Mark, die ich monatlich verdiene, kann ich nicht im Traum daran denken, je etwas erschaffen zu können.»

Trotzdem gibt Dragana ihre Träume nicht auf. Sie hofft weiterhin auf ein Studium, träumt von einem Ehemann, von Kindern, von einem selbstständigen, einem guten Leben.

Aufgewachsen ist Dragana Nikolić in Potočari, ein paar Kilometer von Srebrenica entfernt, dort, wo heute die Gedenkstätte an das Massaker von Srebrenica erinnert, an Tausende von Toten, Ermordeten. Während des Krieges floh die Familie nach Bratunac, lebte zwischendurch einige Monate in Serbien bei einer Tante, kehrte 1996 nach Srebrenica zurück. «Als ich noch jung war, ging ich zur Schule, schmiedete Zukunftspläne. Damals war die Welt noch in Ordnung. Der Vater verdiente das Geld für die Familie. Gutes Geld. Meine Mutter erzählt heute noch davon, dass mein Vater damals so viel Lohn erhielt, dass es nicht möglich war, alles Geld in einem Monat auszugeben.» Damals, ja damals war die ökonomische Situation viel besser. «Nicht so wie heute, wo man nie weiß, woran man ist, was morgen sein wird. Oder übermorgen.»

Vor dem Krieg hat das Zusammenleben in Srebrenica funktioniert. Man habe nicht gewusst, wer serbisch und wer bosniakisch war, erzählen die Menschen, man habe in den Minen gearbeitet, Geld verdient, sei stolz gewesen auf die Stadt, die Gemeinde. Es gab nicht orthodoxe Christen und Muslime, sondern «Srebrenica-Menschen». Frauen und Männer, die ihrer täglichen Arbeit nachgingen, die sich um ihre Kinder kümmerten, die ihre Häuser und Gärten pflegten, liebevoll pflegten. Und jetzt? Der Krieg vernichtete nicht nur das Gemeinschaftsgefühl, sondern rottete ganze Familien aus, ließ Witwen und Waisen zurück, vertrieb die Menschen aus Srebrenica, aus Bosnien und Herzegowina.

«Vielleicht denken nicht alle so wie ich. Aber ich meine, wir alle wollen überleben. Der Krieg war uns eine Lehre. Wir werden uns gegenseitig so etwas nie mehr antun.»

Für Dragana ist dieser Krieg ein Tabu. Sie spricht nicht darüber. Weder mit ihren Eltern noch mit ihrer Schwester, mit Arbeitskolleginnen oder Nachbarn. «Ich rede mit niemandem darüber. Ich will das vergessen, all diese Traumata. Wir waren in Bratunac, die Stadt war umzingelt, Menschen wurden umgebracht, vor unseren Augen, ich träume davon, ich will das nie mehr erleben, ich will das vergessen.» Sie blickt auf den Boden, spricht leise, aber überzeugt. Sie ist Serbin. Ob sie von den toten Bosniaken spricht? Oder von getöteten Serben? Sie präzisiert nicht, will nicht an das Schreckliche erinnert werden, will nur vergessen. Wie Mirjana. Und wie so viele andere Serbinnen und Serben auch.

Auch wenn sie selbst kein Bedürfnis hat, über das zu sprechen, was sie im Krieg gesehen und erlebt hat, was ihr in dieser Zeit widerfahren und wie ihre Familie mit all dem Schrecklichen umgegangen ist: Dragana kann verstehen, dass es Menschen gibt, die sich all diese Geschichten von der Seele reden müssen. «Aber ich weiß nicht, ob ich das tun könnte. Denn immer, wenn ich darüber rede, dreht sich der Film in meinem Kopf zurück, sehe ich all die Bilder wieder, muss ich alles noch einmal erleben. Wieder und wieder. Ich bin ein sensibler Mensch – vielleicht hat es damit zu tun, dass ich das einfach nicht kann.»

Dragana sieht den Aufschwung in Srebenica, sieht die neuen Straßenlampen, die neuen Fabriken. Aber sie sieht sich selbst nicht in diesem Fortschritt. Für junge Menschen sei nichts gemacht worden, sagt sie, und dass sie hoffe, dass all die Filmer und Journalistinnen, die Fotografinnen und Fotografen, die in Zusammenhang mit dem Gedenktag in Srebrenica waren, das richtige Bild von Srebrenica in die Welt transportieren würden, in den Westen, nach Amerika, nach Deutschland und in die Schweiz.

Das richtige Bild. Dragana meint damit nicht die Bilder vom Memorial Center, nicht diejenigen von Begräbnissen, Friedhöfen und Grabstelen, nicht die Bilder von all der Politprominenz, die in Srebrenica zu Gast war, nicht die Bilder von der Gedenkfeier und den trauernden Menschen, nicht Bilder von der neu renovierten Hauptstraße oder dem kürzlich eröffneten Haus des Vertrauens. Dragana zeichnet ihr eigenes Bild von einer Gemeinde, in der die Jungen keine Chance haben, vom Staat Bosnien und Herzegowina, der dringend Investoren braucht, von der Republika Srpska, die unbedingt Arbeitsplätze schaffen müsste. Arbeitsplätze für all jene, die von einer besseren Zukunft träumen, die überzeugt sind davon, dass sie ein Recht darauf haben, diese Träume auch einmal realisieren zu können. «Aber wie soll all das möglich sein, wenn in der Regierung nur Betrüger sitzen, die kein Interesse an den jungen Menschen haben, die nur an sich und den eigenen Vorteil denken?»

Dragana sieht sich um, scheint plötzlich die Schönheit rundherum wahrzunehmen, die Idylle, in der wir sitzen. «Ich war vor dem Krieg nie hier. Vielleicht hätten sie uns all das zeigen sollen…» Ob dann all das Schreckliche nicht passiert wäre? Genau deshalb will sie Kriminologie studieren, will Kriminalinspektorin werden. Um die Wahrheit herauszufinden, um der Gerechtigkeit zum Sieg zu verhelfen. Dazu bräuchte sie das Studium, deshalb will sie an die Fakultät. Vielleicht müsste sie zur Polizei, um bessere Chancen auf einen Platz an der Fakultät zu bekommen? Sie hat sich bereits darüber informiert, wie das aussehen könnte: Sie würde in Banja Luka einen psychologischen Test bestehen, sich danach einer physischen Prüfung unterziehen, später einen sechsmonatigen Kurs absolvieren, eine Art Vorbereitungslehre. Vor dem Krieg habe es in Srebrenica eine Berufsschule für Polizistinnen und Polizisten gegeben. Heute sei diese Ausbildung nur noch in Banja Luka und in Serbien möglich. Und vielleicht, ja vielleicht könnte sie nach dieser Ausbildung ja studieren.

Aber noch ist es nicht so weit. Noch sitzt Dragana in Srebrenica, muss für ihre Eltern sorgen, wartet auf den Aufschwung. Der könnte ja zum Beispiel im Crni Guber beginnen. Vielleicht findet sich ja ein Interessent für die heute brachliegenden Ressourcen, einer, der die Straße renoviert, das Hotel wieder aufbaut, jemand, der Srebrenica ein neues Thermalbad schenkt – weil klar ist, dass sich damit Geld verdienen lässt.

«Für meine Schwester wäre das toll, wenn ein Investor käme, der all das hier wieder zum Leben erwecken könnte», sagt Dragana. Ihre Gesichtszüge entspannen sich, im Geist sieht sie wahrscheinlich ihre Schwester durch das neu errichtete Thermalbad gehen, als Physiotherapeutin die Kurgäste betreuen.

Es könnte ja sein, dass mit dem Thermalbad der Erfolg nach Srebrenica zurückkäme, dass «die Silberne» wieder im alten Glanz erstrahlen und das Elend überwunden werden könnte. Dann würde Srebrenica nicht mehr die vergessene Stadt sein, dann kämen die Touristinnen und Touristen zurück, dann wäre vieles hier wieder so, wie es früher einmal war.

«Ich muss meine Schwester fragen, ob es wirklich Investoren gibt, die sich ernsthaft für den Guber interessieren.» Dragana hat alles gesagt. Sie will nicht mehr erzählen, hat genug preisgegeben. Sie möchte nach Hause.
Es ist kühl geworden, die Sonne steht tief am Himmel, erste Nebelschwaden ziehen ins Städtchen. Wir fahren zurück ins Zentrum, zu den Müllcontainern, lassen Dragana aussteigen, danken ihr, verabschieden uns. Sie geht weg, ohne sich umzudrehen.

Azra Hasanović, Slatina

«Meine Kinder sollen es einmal besser haben»

Die Straße windet sich am Hang entlang aufwärts. Vorbei an zerschossenen Häusern, durch den farbenprächtigen Bergwald, mit Blick ins Tal, auf braungrüne Wiesen, auf verlassene Gehöfte. Hagebutten stehen am Wegrand, vor einem Haus hängt eine Frau Wäsche auf. Ja, hier seid ihr richtig, dort vorne liegt Slatina, ihr müsst aber noch ein ganzes Stück weiterfahren. Die Straße ist schlecht, zum Glück hat es lange nicht mehr geregnet. Bei schlechtem Wetter verwandeln sich die Straßen rund um Srebrenica in Schlammrinnen, die im besten Fall mit einem Geländewagen passierbar sind.
Jetzt aber scheint eine milchige Herbstsonne. Scheint auf die hellen Blockhäuser, die von der österreichischen Hilfsorganisation «Bauern helfen Bauern» aufgestellt worden sind, scheint auf die Hunde, die lethargisch am Straßenrand liegen, auf die mageren Kühe – und auf die Warnschilder mit den Totenköpfen, die auch hier anzeigen, dass die Gegend vermint ist. Eine gute halbe Stunde dauert die Fahrt, auf halbem Weg kommt uns der Schulbus entgegen, ein klappriges Auto mit einem Mann am Steuer und einem weiteren auf dem Beifahrersitz, die freundlich grüßen – und uns durch den Rückspiegel neugierig nachsehen. Geländewagen fahren hier nur die Angehörigen von internationalen Organisationen, allenfalls Behördemitglieder. Und Frauen am Steuer sind äußerst exotisch. Kein Wunder also, dass wir in dieser einsamen Gegend Aufsehen erregen …

Nach einer Viertelstunde kommen wir bei Azra Hasanović in Slatina an. Ein alter Hund hinkt uns entgegen, er bellt heiser, aber ausdauernd, läuft neben dem Auto her. Er beißt nicht, ruft Azra, lächelt zur Begrüßung, hält ein Baby im Arm. 26 Jahre ist sie alt, Mutter von drei Töchtern. Meliha und Mediha kamen 1997 und 2001 zur Welt, die kleine Melissa erst vor zwei Monaten, im Krankenhaus von Zvornik. Zwei Tage lang hatte sie Wehen, der Arzt meinte, das habe nichts zu bedeuten, die Schwangerschaft werde sicher noch 20 Tage dauern, doch dann hielt sie es nicht mehr aus und ihr Mann brachte sie ins Spital. Die Geburt war einfach, alles ging sehr schnell, dann war Melissa da. Weitere Kinder will ich nicht, sagt Azra, wegen der Situation, ihr seht ja selbst. Auch dieses Kind bekam sie nur wegen Mehmed, ihrem Ehemann, weil der unbedingt einen Sohn wollte. Endlich einen Sohn! Eigentlich paradox, denn gerade auf dem Land ist es sinnvoll, Töchter zu haben: weil es die Frauen sind, die hier die Arbeit verrichten, die Familien durchbringen, zum Rechten schauen – und trotzdem weniger wert sind als die Männer. Viel weniger. Aber Slatina ist auf dem besten Weg, ein Frauendorf zu werden: Von den elf Kindern sind sieben Mädchen – und bei den Erwachsenen sind die Frauen ebenfalls in der Mehrzahl, weil viele ihrer Ehemänner, Söhne und Väter im Krieg gefallen oder hingerichtet worden sind.

Azra Hasanović geht es nicht besonders gut. «Ich war drei Tage krank», erzählt sie, «hatte ein Feuer in mir, das ich fast nicht überlebte.» Jetzt ist das Fieber abgeklungen – geblieben sind die Fieberblasen, die Schwäche, die Erschöpfung. Azra leitet eine «Strickgruppe»: Etwa acht Frauen, die für «Bauern helfen Bauern» (BhB) Socken und Kniestrümpfe anfertigen. Sie erhalten die Wolle, qualitativ hochwertige Wolle, die aus Österreich importiert wird, stricken nach genauen Anleitungen, kombinieren verschiedene Farben und Muster. So entstehen Trachtensocken, die dann wieder nach Österreich exportiert und dort verkauft werden. Die Frauen um Azra freuen sich über das zusätzliche Einkommen – und Azra ist stolz darauf, die Arbeit leiten und koordinieren zu können. Sie nimmt die Wolle entgegen, verteilt die Aufträge, sie sammelt die fertigen Produkte ein, kassiert von Namir Porić, dem Manager der Hilfsorganisation, das Geld und bezahlt die Frauen. In den sechs bis sieben Monaten letzten Winter sind an die 120 Paar Kniesocken entstanden, bezahlt werden die Frauen pro Stück. Wer schnell strickt, verdient am meisten. Erst im Sommer war Doraja Eberle, die Gründerin und Leiterin von BhB, hier in Srebrenica. Azra zeigt ein Foto von Doraja, eine gute Frau ist das, wirklich, sie hilft uns sehr viel, hat ein großes Herz für die Menschen in Srebrenica.

«Bauern helfen Bauern» ist seit Beginn des Bosnienkrieges im gesamten Gebiet des ehemaligen Jugoslawien aktiv – nicht nur in Srebrenica. Die Organisation besteht aus einem Team von etwa vierzig ehrenamtlich arbeitenden Personen und zwei angestellten Mitarbeitern, sie wird durch Spenden aus Österreich, dem Südtirol, England, Deutschland, den USA, der Schweiz und vielen anderen Ländern unterstützt und errichtete in den vergangenen 13 Jahren mehr als 700 Holzhäuser und etwa 30 Steinhäuser. Immer in Zusammenarbeit mit einheimischen Bauequipen und unterstützt von den Eufor-Truppen, die das Baumaterial gratis transportieren. Dank der Hilfe des österreichischen Bundesheeres konnten in all den Jahren an die 2000 Lastwagen-Ladungen mit etwa 80 000 Lebensmittelpaketen, 400 Tonnen Kindernahrung und Rindfleischkonserven, aber auch 100 000 Säcke Saatgut und 150 trächtige Kühe aus dem Land Salzburg in das ehemalige Kriegsgebiet gebracht werden. Die Organisation sorgt aber nicht nur dafür, dass die Menschen ein Dach über dem Kopf haben: Sie sollen unter diesem Dach auch nicht verkümmern müssen. So übernimmt BhB immer wieder die Kosten für dringend notwendige medizinische Versorgung, für Operationen, für die Ausbildung von Kindern und Jugendlichen; sie bezahlt Brillen und Zahnprothesen, den Schulbus, Hefte und Bücher. Insgesamt wurden auf diese Art seit 1992 mehr als 25 Millionen Euro an Geld- und Sachspenden verteilt.

Die Strickgruppe ist eine weitere Möglichkeit, den Frauen von Slatina zu einem kleinen Einkommen zu verhelfen. Und für die Menschen in Srebrenica und den umliegenden Dörfern, die zur Gemeinde gehören, sind Doraja Eberle und Namir Porić, ein Bosniake aus Bihać, zum Synonym für unbürokratische Hilfe geworden, eine Anlaufstelle, bei der sie ihre Sorgen deponieren können. Sorgen verschiedenster Art. So soll Azras Ehemann Mehmed nach Melissas Geburt zu einem Kollegen gesagt haben, er werde bei Namir Porić um einen Sohn ansuchen …

Jetzt ist Mehmed nicht hier, ist mit dem Auto weggefahren, um an der nahe gelegenen Quelle Wasser zu holen. Denn Azras Haus hat weder fließen-

des Wasser noch Strom. Doch bald soll das anders werden: Wir bekommen Strom, sagt Azra, freut sich auf diese Errungenschaft, darauf, dass das Leben mit den drei Kindern und der Großmutter bald einfacher wird. Ein klein wenig einfacher. Ja, natürlich wäre es gut, auch Wasser zu haben, sagt Azra, wenn schon nicht im Haus, dann wenigstens davor, schon wegen des Babys. Aber noch kann sie von fließendem Wasser nur träumen. Von Wasser – und von einer Toilette. Dafür benutzt die Familie einen halb verfallenen Verschlag am Ende des Maisfeldes unterhalb des Hauses, etwa zweihundert Meter von der Wohnung entfernt.
Die kleine Melissa weiß nichts davon, dass sie eigentlich ein Junge hätte sein sollen, der lang ersehnte Stammhalter nach zwei Schwestern. Zufrieden liegt sie in ihrem Bettchen, spielt mit den Fingern, seufzt ab und zu ein wenig. Es ist heiß und stickig im kleinen Wohnzimmer. Die Fenster sind geschlossen, ein Großteil der Strickerinnen ist gekommen, um uns zu sehen, um den unerwarteten Besuch zu bestaunen, die Frauen aus der Schweiz. Sie küssen uns, setzen sich dann rund um den niedrigen Tisch und auf den Fußboden, warten auf den Kaffee, den Azra zubereitet, auf das Gebäck dazu. Kaffee sei einer von zehn Gründen, warum es gut sei, Bosnier zu sein, schreibt die junge Autorin Dina Dzindo im Buch «Ein Hund läuft durch die Republik», herausgegeben von Juli Zeh, Häkeldeckchen und handgemachte Gobelins seien ein zweiter. Auch Azra hat davon viele: Weiße Deckchen in verschiedensten Formen und Mustern verzieren Küchenschränke und Polstergruppe, Fensterbrett und Anrichte. Mit Häkeln und Stricken überbrücken die Frauen die langen Winterabende, Handarbeiten gehören ebenso zu ihrem Leben wie Kochen, Putzen, Waschen und die Erziehung der Kinder.
Vor einem halben Jahr waren wir schon hier, lernten Azra Hasanović kennen, ihre junge Schwägerin Meira – die für ihren zahnlosen Mund von BhB ein neues Gebiss erhält –, und Mila, die Frau des Dorfchefs, die unzufrieden ist, weil wir ausgerechnet Azra besuchen, wer ist Azra schon, bitteschön, sie hätte doch auch viel zu erzählen, sehr viel sogar. Damals war das Haus so richtig herausgeputzt nach dem Winter, alles sauber und adrett, die Häkeldeckchen frisch gestärkt. Jetzt ist dieser Eindruck verblasst. Azra hat mit dem Baby, mit Mann und Kindern, mit der alten Oma – sie ist die Schwiegermutter von Azras Schwiegermutter, also Mehmeds

Großmutter, und bereits 95 Jahre alt – und den Bauarbeitern alle Hände voll zu tun. Überall hängen frisch gewaschene Strampelanzüge, hängt Wäsche zum Trocknen. Der Ofen jedoch ist nirgends mehr zu sehen. Wir mussten ihn ins andere Zimmer stellen, sagt Azra, wegen des Babys, es hatte immer kalte Hände und Füße, deshalb heizen wir durchgehend, schon jetzt, im Oktober. Sie heizen mit Holz – wenigstens davon gibt es genug.
Vor drei Jahren sind Azra und Mehmed nach Srebrenica zurückgekehrt, sie pflanzen Kartoffeln, Paprika, Weißkraut, Getreide, Zwiebeln, Spinat und Erbsen, leben in ständiger Angst vor den Wildschweinen, die immer wieder ihre Arbeit zunichtemachen, die Felder verwüsten. Und in den umliegenden einsamen Wäldern hausen Bären, erzählen die Frauen, sie lachen, berichten von einem Bären, der ins Dorf kam an den Brunnen, um Wasser zu trinken, nein, es ist nichts passiert, er war selbst erschrocken, als wir zu schreien begannen, einer der Knaben ist aus Angst auf den Baum geklettert, so ein Unsinn, Bären können ja auch klettern. Zehn Jahre liegt die Geschichte zurück, doch sie ist immer noch gut, alle reden durcheinander, offensichtlich froh darüber, einmal auch etwas Lustiges erzählen und von Herzen darüber lachen zu können.
Der letzte Winter war sehr kalt, sagt Azra, der nächste soll noch schlimmer werden.
Aufgewachsen ist Azra Hasanović in Poljak in der Gemeinde Sulići, gemeinsam mit einer Schwester und zwei Brüdern, die Schule besuchte sie nur bis zur vierten Klasse, dann musste sie fliehen. Viele ihrer männlichen Verwandten kamen im Krieg um, wurden erschossen, hingerichtet, die Brüder haben überlebt, wohnen bei der Mutter in Vozuća, der Vater lebt in Mihudići, die Schwester ist in Zeleni Jadar verheiratet, wohnt mit ihrem Ehemann in einem der Häuser neben der Fabrik.
Azra selbst ist nie mehr in ihr Heimatdorf zurückgekehrt. Wie soll ich auch dort hinkommen? Die Arbeit, die Kinder, das Baby, der Ehemann, die Felder, der Garten, das Vieh: Sie muss sich um so vieles kümmern, hat schlicht keine Zeit für Besuche, für Ausflüge, hat keine freie Minute. Wir sind geflohen, als die Auseinandersetzungen begannen, dann nochmals zurückgekehrt – bis Srebrenica umzingelt war. Azra erzählt, wie die serbischen Truppen ins Dorf kamen, alles niederbrannten, Tod und Verwüstung brachten. Ein Mädchen versteckte sich unter dem Bett und wurde trotz-

Rock on

dem gefunden und umgebracht, eine Nachbarin überraschten die Serben beim Kaffeemahlen und «schlachteten» sie. Sie hielt die Kaffeemühle noch in der Hand, als sie schon tot war. Von Poljak floh Azra nach Srebrenica, ins Städtchen, dann nach Potočari. Von dort wurde sie – gemeinsam mit all den anderen Frauen und Kindern – nach Tuzla in ein Lager gebracht. Und schließlich war sie in Srebrenik. Ich weiß nicht mehr, wie lange alles gedauert hat, sagt sie, ich erinnere mich nicht.
Als Azra – gemeinsam mit Mehmed und den beiden Töchtern – zurückkehrte, lebten alle zusammen, inklusive der alten Oma, zuerst in einem Zeltlager, danach in einem Schuppen. Vier Monate lang, es war kalt, schon fast Winter, der erste Schnee war bereits gefallen. Azra und Mehmed waren die Ersten in Slatina, die von BhB ein Holzhaus bekamen. Jetzt ist das Provisorium weg, sie haben ein richtiges Haus, eines mit dicken Mauern. Den Innenausbau haben wir selbst gemacht, sagt Azra, das Material dafür war ein Geschenk.
Mehmed kommt mit dem Wasser zurück, das Telefon klingelt. Ein Mobiltelefon. Azra nimmt ab, es ist für Mehmed. Er kommt, schaut kurz ins Wohnzimmer, nimmt das Telefon und zieht sich wieder zurück, geht zu den anderen Männern. Sie bauen einen Stall, sagt Azra, das ist teuer, wir müssen die Männer bezahlen, 30 Mark verlangen sie pro Tag, wo sollen wir nur das viele Geld hernehmen? Aber der Stall ist nötig, die Kuh und die Schafe würden den Winter sonst nicht überleben, meint Azra. Wegen der Kälte und wegen der wilden Tiere. Wie haben sie denn bisher überlebt? Wenn die Hunde bellten, standen wir auf, schauten nach dem Rechten, aber letztes Jahr sind viele Lämmer verendet, es war einfach viel zu kalt.
Fast alle Männer verdienen auf diese Art ihr Geld: mit Gelegenheitsarbeiten, durch die Mithilfe beim Bau von Häusern, beim Anlegen von Feldern. Doch es gibt wenig Arbeit, die Menschen haben kein Geld, klagt Azra, können solche Hilfe meist nicht bezahlen. Mehmed helfe ab und zu beim Ausladen von Baumaterial, für 20 Mark pro Tag, aber unregelmäßig, nicht allzu oft. Dass Mehmed von der Gemeinde relativ gut dafür bezahlt wird, dass er die Kinder von Slatina mit dem Bus zur Schule bringt und wieder abholt, erfahren wir später von Namir Porić, er erzählt auch von einer kleinen Pension, die Mehmeds Großmutter erhält – und die der Familie ebenfalls hilft, um über die Runden zu kommen. Doch auch dieses

Geld kann das Hauptproblem der Familie nicht lösen: die Tatsache, dass Mehmed keinen «richtigen» Job hat, einen, der ihn ausfüllt, der ihm nicht nur ein Einkommen, sondern auch Befriedigung bringt.
Vor der Haustür steht eine große Kartonschachtel mit Küken. Gelb und flaumig sind sie, ein willkommenes Spielzeug für Mediha, die sich immer wieder über die Schachtel beugt, eines der Küken in die Hand nimmt. Zwanzig Stück hat Azra gekauft, fünfzehn haben bisher überlebt. Sie bekommen Kraftfutter, fressen aber auch Käse und trinken Molke. Etliche ausgewachsene Hühner scharren rund ums Haus. Wenn ihr morgen wiederkommt, werde ich ein Huhn schlachten und für euch kochen, sagt Azra, sie möchte uns bewirten, ein Festessen richten. Weil doch gefeiert werden muss, dass Gäste da sind, weil Gastfreundschaft in Srebrenica ebenso sprichwörtlich ist wie überall in Bosnien und Herzegowina. Azra würde uns in jedem Fall fürstlich bewirten – auch wenn sie dafür das letzte ihrer Hühner opfern müsste. Wir lehnen freundlich ab, sagen, dass wir noch andere Termine haben, bringen aber am nächsten Tag Weißbrot als Geschenk mit. Azra freut sich, das ist eine Abwechslung, eine Ausnahme. Normalerweise bäckt sie selbst. Das nächste Geschäft ist dreizehn Kilometer entfernt, die Schule ebenfalls.
Die vielen Fragen verunsichern Azra, sie kann nicht genau abschätzen, was wir von ihr wollen, ist aber trotzdem stolz darauf, dass ausgerechnet sie ausgewählt wurde, um ihre Geschichte zu erzählen.
Melissa wird unruhig, quengelt, sie muss gestillt werden. Azra setzt sich mit uns auf die Treppe, die an der Außenwand zum Obergeschoss führt. Mehmeds Großmutter sitzt auch dort, ruht sich aus, murmelt etwas, das wir nicht verstehen. Sie ist verwirrt, sagt Azra, kein Wunder, in dem Alter. Azra sieht erschöpft aus, hat sich vom Fieber noch nicht richtig erholt. Nachdenklich blickt sie auf ihre jüngste Tochter, die, eingewickelt in eine Wolldecke, an ihrer Brust liegt und gierig trinkt. Meliha, die älteste der drei Töchter, ist nirgends zu sehen. Sie sei in der Schule, sagt Azra später, als wir wieder im Kreis der Frauen sitzen. Und sie erzählt, dass Meliha in Sarajevo eine Privatschule besuche. Eine religiöse, eine Koranschule. Fünfmal täglich wird gebetet, Knaben und Mädchen besuchen getrennte Klassen, die Kinder haben gute Bedingungen, lernen viel, auch Disziplin. Azra zeigt ein Foto, das ihre Tochter in der Schuluniform zeigt, ein ernstes

Mädchen in dunklen Kleidern. Alle zwei Wochen kommt sie nach Hause, mit einem speziellen Schulbus von Sarajevo hierher, die Fahrt dauert drei Stunden. Jetzt, während des Ramadan, ist sie jedes Wochenende zu Hause. Dieser Bus hatte früher Probleme, sagt Azra, die arabischen Schriftzeichen fielen auf in der Republika Srpska, die Polizei verweigerte die Durchfahrt. Doch dann sei die Beschriftung entfernt worden, und jetzt gebe es keine Probleme mehr.

Die Koranschule in Sarajevo nimmt Kinder bis zur achten Klasse auf, zurzeit laufen Bemühungen, auch eine Berufsschule zu integrieren. Der Besuch ist gratis, finanziert wird das Projekt von einem reichen Mann aus Arabien, sagt Azra. Aber wir wissen nicht, wie lange das noch gut geht – der Staat erlaubt solche Privatschulen nicht mehr. Auf alle Fälle geht Meliha gerne zur Schule, ist fleißig – und hat in diesem Jahr schon vier Tage lang gefastet. Ob das gesund sei für das Kind?

Es entwickelt sich eine Diskussion, die Frauen sind sich nicht einig, einige von ihnen fasten selbst, andere nicht. Es gibt ja auch viele Ausnahmen. Kranke, Schwache, Kinder und Schwangere dürfen nicht fasten, schließlich soll das Fasten ja den Menschen dienen und sie nicht belasten, so steht es im Koran, so will es die Religion, sagen die Frauen, die Voten gehen hin und her, es ist schwierig, den Argumenten zu folgen. Schon kurze Zeit später dreht sich das Gespräch jedoch erneut um das Leben in Slatina, den Alltag. Die Menschen haben es schwer, sagen die Strickerinnen, die Gegend ist einsam, hierher verirrt sich kaum jemand. Azra nahm kürzlich an einem Treffen eines Frauenvereins teil, es sei gestrickt und diskutiert worden, alle hätten sagen können, was ihnen am Herzen liege. Dieser Austausch hat den Frauen offensichtlich gut getan – praktische Konsequenzen wird er kaum haben, die Situation der Frauen nicht verbessern können. Für die Frauen in Slatina gibt es noch weniger Möglichkeiten, einer Erwerbsarbeit nachzugehen, als für ihre Männer. Die wenigsten haben eine gute Schulbildung oder eine Berufsausbildung, sie besitzen weder einen Führerschein noch ein Auto, das ihnen für den weiten Weg ins Städtchen zur Verfügung steht. So bleibt ihnen die Arbeit auf dem Land, im Haus und mit den Kindern. Und die Sorge um die Zukunft.

Auch Azra und Mehmed haben lediglich die Grundschule besucht, für mehr reichte das Geld nicht, sagt Azra. Doch für ihre Kinder wünscht sie sich mehr: eine solide Schul- und eine gute Ausbildung, einen Beruf, der ihnen Freude macht, Geld, damit sie Kleider kaufen können. Meine Kinder sollen es einmal besser haben als wir, ich wünsche ihnen eine gute Zukunft – und dass sie nicht ein so schwieriges Leben führen müssen wie ich.

Adina Purković, Tuzla / Srebrenica

«Das Leben kann nicht warten ...»

Adina Purković sitzt im Restaurant ihres Vaters, ist soeben aus Tuzla angekommen, wo sie Rechtswissenschaften studiert. 24 Jahre ist sie alt, eigentlich hat sie wenig Zeit, sie muss noch für eine Prüfung in Staatsgeschichte und Staatsrecht arbeiten, sich vorbereiten. Doch dann rief der Papa an – und Adina kam. Sie ist eine junge Frau, die irgendwo aus Europa stammen könnte. «Viele Menschen glauben, dass alle Bosniakinnen Kopftücher tragen», sagt sie. «Habt ihr den Spruch an der Mauer in Potočari gesehen?» Haben wir nicht. Adina schaut auf ihre Hände, macht eine kurze Pause, überlegt – und zitiert: «Bosniakinnen tragen Kopftücher und stinken.» Sie ärgert sich über die Verachtung, die dahintersteckt, über den Sexismus. Sie wehrt sich. Nicht nur für sich selbst, sondern für alle Frauen in Bosnien, für alle Muslimas.

«Wie soll es denn möglich sein, gut zu riechen, in der prallen Sonne, bei einer Temperatur von 40 Grad im Schatten, auf engstem Raum zusammengepfercht mit 40 000 anderen Menschen, mit völlig ungenügenden sanitären Einrichtungen – und mit Todesangst im Nacken? Für mich zeigt dieser Spruch ein Klischee. Ein Klischee, das immer und immer wieder neu zementiert wird. Ein Vorurteil, gegen das wir antreten, das wir entkräften müssen. *Die* bosniakische Frau gibt es nicht. Für mich hat der Spruch direkt mit dem Genozid zu tun, mit den Ereignissen von 1995. Schreckliches ist geschehen. Das Leben geht weiter. Aber wir dürfen nie vergessen, was passiert ist.»

Die Familie Purković ist durchaus religiös. An Ramadan wird trotz der beruflichen Belastung gefastet, der Vater von Adina kommt in unzähligen Diskussionen über die aktuelle Situation in seiner Heimat, über Gründe, Hintergründe und Visionen, immer wieder auf Gott zu sprechen. Wobei sein Gott immer ein Gott aller Menschen ist, weil er keine Unterschiede macht zwischen Menschen verschiedener Religionen, Ethnien oder Rassen. Die Eltern von Adina engagieren sich sozial, sie helfen Benachteiligten – und immer wieder bieten sie Arbeitsplätze an für Menschen, die sonst vielleicht nicht so leicht eine Stelle finden würden. Adina, ihre Mutter und ihre zwei Jahre jüngere Schwester sind moderne, gebildete Frauen. Adinas Mutter stammt aus Tuzla, 60 Kilometer von Srebrenica entfernt, im Nordosten von Bosnien und Herzegowina gelegen. Dort haben die drei Geschwister – Adina, ihre Schwester und der 19-jährige Bruder – jetzt auch eine gemeinsame Wohnung. Adinas Schwester studiert ebenfalls Rechtswissenschaften, der Bruder Ökonomie. Die Mutter unterrichtet Chemie am Gymnasium in Srebrenica, der Vater betreibt die Pension und das Restaurant. Natürlich mit tatkräftiger Unterstützung der gesamten Familie. Die Eltern sind stolz auf ihre Kinder, die Mutter reist oft nach Tuzla, bleibt manchmal für einige Tage in der Stadt – und zwischendurch kommen die Kinder auf Besuch. Nach Srebrenica. Nach Hause.
«Wir sind nicht so viel zu Hause. Aber wenn wir nach Srebrenica kommen, dann helfen wir, wo wir gebraucht werden.»
Zu tun gibt es genug: Arbeit im Gasthaus, in der Pension, in der Waschküche, bei der Buchhaltung – aber auch beim Planen von Um- und Anbauten. Als wir Adina das erste Mal trafen, putzte sie das Auto des Vaters, hantierte mit Staubsauger und Putztuch, die Haare zusammengebunden, fröhlich, eine junge Frau auf dem Land. Jetzt trägt sie Freizeithosen, darüber eine Sportjacke. Was sie am liebsten macht? «Ausruhen!» Die Antwort kommt prompt, Adina lacht, sagt, dass sie zu Hause ein ganz anderes Leben führe als in der Stadt.
«Zu Hause bin ich immer entspannt und locker. Und ich komme auch hierher, um mich auszuruhen, um eine Pause einzulegen. Aber wenn ihr Fotos machen wollt, dann ziehe ich mich um. Ich möchte zeigen, dass es in Srebrenica moderne und gepflegte Frauen gibt. Ich will nicht, dass die Menschen durch die Bilder, die ihr macht, in ihren Vorurteilen bestätigt werden.»

Eine Viertelstunde später kommt Adina zurück. Sie hat sich zurechtgemacht, ist perfekt frisiert und geschminkt, sie trägt türkisfarbene Ohrringe, farblich genau auf den Pullover abgestimmt. Jetzt ist sie bereit, jetzt kann fotografiert werden – auch wenn es sie nervös macht, wenn die Kamera auf sie gerichtet ist.

«Ich bin in Tuzla geboren, dort wohne, lebe und studiere ich. Ich habe vier Semester Medizin studiert. Das hat mir aber überhaupt nicht gefallen. Bei diesem Studium hängt vieles davon ab, wer du bist, wer deine Eltern sind, was sie machen. Wenn dein Vater Arzt ist oder Anwalt, dann bekommst du gute Noten – und sonst eben nicht. Meine Schwester hat sich dann an der juristischen Fakultät eingeschrieben, das Studium gefiel ihr, sie erzählte davon. Und so wechselte ich ebenfalls dorthin. Das Studium finanzieren meine Eltern. Ich selbst kann neben dem Studium nicht arbeiten. Wir haben regelmäßig Vorlesungen und Seminare. Wenn ich daneben einen Job annähme, würde das Studium darunter leiden. Das will ich nicht.

In Tuzla habe ich Freundinnen und Freunde, dort gehe ich aus – und fühle mich wohl. Doch zu Hause bin ich in Srebrenica. Hier ist meine Heimat. Und wenn ich gefragt werde, woher kommst du, dann sage ich immer: aus Srebrenica.

Aber heute ist Srebrenica ein Dschungel. Hier ist alles grau und düster. Es gibt nur Deprimierendes. Leider.»

Was müsste sich denn ändern, damit diese Depression verschwindet?

«Zuerst das Aussehen der Stadt. Der erste Eindruck ist doch wichtig. Der viele Matsch, das Holz, das überall herumliegt, mitten in der Stadt. Zum Teil sieht es ja aus wie in einem Wald. Ich habe mich jetzt daran gewöhnt. Aber eigentlich ist das schlimm. Sarajevo zum Beispiel macht als Stadt einen völlig anderen Eindruck.

Und dann müssen die Menschen hier wieder leben können. Ich meine wirklich leben, nicht überleben. Überleben kann ich überall. In Afrika, in Leipzig, in Ulm, wo mein Onkel lebt, oder in Salzburg und Hallein, dort leben ebenfalls Verwandte – oder irgendwo in Bosnien und Herzegowina.

Natürlich wurde auch in Srebrenica Geld investiert, viel Geld. Aber nicht für die Menschen. Hier gibt es viele alte und kranke Leute, solche, die nach dem Krieg hierher zurückgekommen sind, um hier zu sterben.

Die Stadt muss sich ändern. Das passiert nicht von selbst, dafür muss man arbeiten. Eine Veränderung können aber nur Menschen bewirken. Menschen, die auch wirklich wollen, dass sich etwas ändert, die in dieser Richtung arbeiten. Hier in Srebrenica allerdings sind andere an der Macht. Leute, die nicht wirklich wollen, dass die Situation besser wird. In den vergangenen zehn Jahren – seit dem Abkommen von Dayton – hat sich gezeigt, dass die Regierung nichts unternimmt, dass nichts besser wird. Daher müssen sich die Machtverhältnisse ändern. All jene, die hier zu einer positiven Entwicklung beitragen wollen, haben keine Chance.
Das liegt auch am System, das ist klar. Die aktuellen Politiker sind von denen gewählt, die in der Föderation oder im Ausland leben – und sie wählen seit zehn Jahren immer dieselben, die, die immer schon an der Macht waren. Denen ist Srebrenica eigentlich egal. Sie müssen ja nicht hier leben.»
Meinst du damit Abdulrahman Malkić, den Bürgermeister?
«Er hat einiges gemacht im Bereich der Straßen, der Infrastruktur, das stimmt. Zur Realisierung wirklich großer und visionärer Projekte fehlt ihm jedoch die Macht, weil in den meisten Bereichen die Republika Srpska das Sagen hat und nicht die Gemeinde – und wahrscheinlich fehlt auch das Geld. Aber eigentlich sehe ich nicht, dass er viel Positives bewirkt hat, seit er Bürgermeister von Srebrenica ist. Nach vier Jahren im Amt wurde er wiedergewählt, konnte die nächste Amtszeit antreten. Ich weiß nicht, ob ein anderer Bürgermeister besser oder schlechter wäre für Srebrenica. Aber eigentlich hätte Malkić seinen Platz räumen und jemand anderem zur Verfügung stellen müssen. Damit eine neue Person wenigstens die Chance erhält, etwas besser zu machen. Aber das gilt natürlich nicht nur für den Bürgermeister, sondern für den gesamten Gemeinderat.
Seit zehn Jahren wird den Menschen hier immer dasselbe gepredigt, wird ihnen gesagt, was sie tun und lassen müssen, was gut und was schlecht ist. Für die Machthaber sind all jene, die hier in Srebrenica wieder friedlich zusammenleben wollen, nichts weiter als Verrückte.
Eigentlich ist es ja paradox: Serbische, bosniakische und kroatische Menschen kämpften gegeneinander, dann flüchteten sie wegen des Krieges ins Ausland, nach Deutschland, Österreich, Schweden, Amerika und in die Schweiz – und jetzt leben sie überall dort friedlich zusammen. Nur hier nicht.»

Wird in Srebrenica je wieder ein friedliches Miteinander möglich sein?
«Das glaube ich schon, da bin ich zuversichtlich. Und ich bin sicher, dass die Menschen aus Srebrenica – diejenigen, die hier leben und zur Schule gehen – meine Ansicht teilen.»
Adina selbst ist auch in Srebrenica zur Schule gegangen – allerdings nur bis zur vierten Klasse. 1992 zog die Mutter mit den Kindern nach Tuzla. «Vater hat uns hingebracht. Er selbst ist am selben Tag wieder nach Srebrenica zurückgefahren. Wir hatten große Angst, dass ihm etwas passiert – und wir versuchten während all dieser Jahre, über das Rote Kreuz und über Amateurfunk mit ihm in Kontakt zu bleiben.»
Abdulah Purković hingegen brachte es nicht über sich, sein Srebrenica zu verlassen. Er, der ehemalige Lehrer an der Hotelfachschule, der als Chefkoch im Hotel Domavia gearbeitet hatte, danach in einem Hotel in Zeleni Jadar und anschließend im Mitarbeiterrestaurant einer Möbelfabrik der Küche vorstand, hatte kurz vor dem Krieg ein eigenes Restaurant eröffnet. Als der Krieg ausbrach, half er in Srebrenica, wo es nötig war. Er wurde zur guten Seele im Spital, sorgte dafür, dass das Notstromaggregat für den Operationssaal funktionierte, dass der Röntgenapparat benutzt werden konnte, er reparierte die Wasserleitung, betreute die Verwundeten, kochte für die Hilfsorganisation «Ärzte ohne Grenzen». Und oft gab er in jenen Tagen seine magere Essensration weiter an jene, die schon so abgemagert und ausgemergelt waren, dass sie das zusätzliche Stück Brot zum Über leben dringend brauchten. Adinas Vater harrte aus bis 1995. Bis zum bitteren Ende.
«Als Srebrenica fiel, wurde mein Vater von den serbischen Nationalisten verhaftet. Aber dann rief die Leiterin von ‹Ärzte ohne Grenzen› in Genf an, bei der UNO, und nach siebzehn Tagen wurde er aus der Haft entlassen. Er kam dann auch zu uns nach Tuzla. Er war völlig abgemagert, hatte nur noch 47 Kilo. Er erlebte sehr viel Schreckliches in all diesen Monaten und Jahren.
Damals war ich davon überzeugt, dass ich nie mehr nach Srebrenica zurückkehren würde. Niemals.
Doch dann bekamen wir auf Intervention der Internationalen Gemeinschaft unser Eigentum zurück. Und als unser Haus wieder unser Haus war, schien es mir zum ersten Mal wieder möglich, wirklich zurückzukehren,

wieder in Srebrenica zu leben, diese Stadt wieder als meine Heimat zu betrachten. Bis dahin war allein schon der Gedanke daran unmöglich.»

Wie sah Srebrenica vor dem Krieg aus?

«Wenn heute immer gesagt und geschrieben wird, Srebrenica sei schön gewesen, dann ist das nicht glorifiziert. Srebrenica war eine Stadt mit weißen Häusern, mit schönen Vorgärten. Eine kleine Stadt – aber wir hatten alles, um als Familie gut leben zu können. Und auch sonst wurde einiges geboten: Es gab Fußballspiele und ein Kino, Filmvorführungen, Bücher, kulturelle Veranstaltungen, Zirkus, Kinderanlässe, Musikfestivals. Natürlich war nicht jeden Tag etwas los. Aber es wurden immer wieder verschiedenste Dinge organisiert.

Ich kann mich noch gut an Titos Stafette erinnern: Anlässlich von Titos Geburtstag wurde jedes Jahr ein Staffellauf organisiert, eine Fackel von Stadt zu Stadt weitergegeben. Als ich die erste Klasse der Grundschule besuchte, trug ich einen schwarzen Rock, eine weiße Bluse, eine blaue Kappe und ein rotes Tuch. Ich war Pionierin, durfte das erste Mal mitmachen – und war sehr stolz.

Speziell für Jugendliche wurde Musik angeboten, Theater, Volkstanz. Ich spielte Elektropiano – und in meiner Freizeit erhielt ich Privatunterricht. In Volkstanz. Ich habe keine Ahnung, wer auf diese verrückte Idee gekommen ist...

Das Klavierspielen hat mir anfangs Spaß gemacht. Mir gefiel es, auf die Tasten zu drücken und ein wenig herumzuklimpern. Aber als es dann ernst wurde, als ich wirklich spielen und vor allem regelmäßig üben sollte, schien mir das Ganze nicht mehr so attraktiv zu sein. Das Klavier war so groß – und ich war so klein...»

Kennst du viele junge Menschen in Srebrenica? Geht ihr gemeinsam aus?

«Ich kenne einige – aber natürlich nicht alle. Wir treffen uns, gehen zusammen aus. Jeweils am Freitag und Samstag. Es gibt zwei Cafés in Srebrenica und eine Diskothek. Dort treffen wir uns.

Ich weiß nicht viel über die Menschen, mit denen ich mich treffe. Endira zum Beispiel geht in die Chemieschule, Nihad arbeitet – und dann ist da noch ein Student aus Sarajevo, aus dem serbischen Teil.»

Sprichst du mit deinen Kolleginnen und Kollegen über den Krieg, über Politik, das Dayton-Abkommen?

«Mit meinen Studienkolleginnen und -kollegen eigentlich nicht. Wir diskutieren viel. Aber meistens über das Studium, über Prüfungen, Professoren. Und mit einem Teil meiner Freundinnen spreche ich dann über Jungs, über den Ausgang – über ganz alltägliche Dinge eben.
Aber wir sprechen auch über das, was passiert ist. Nichts wird verschwiegen. Jasna zum Beispiel stammt aus einer Mischehe. Ihr Vater ist Moslem, ihre Mutter orthodox. Wir beide sprachen – gemeinsam mit einer katholischen Freundin – schon etliche Male über die Vergangenheit, über den Krieg, die Hintergründe. Da habe ich noch nie richtige Barrikaden erlebt, also Themen, die nicht angesprochen werden dürfen, es gibt keine Tabus. Aber wenn die Stimmung irgendwann zu depressiv wird, dann hören wir auf, wechseln das Thema.
Mit Jasnas Mutter diskutierte ich einmal sehr ausführlich. Keiner kann mir einreden, dass niemand davon wusste, was hier passieren soll. Am 11. April zum Beispiel war in Srebrenica kein orthodoxes Kind mehr in der Schule. Meine Mutter kam von der Arbeit nach Hause und sagte, kommt, wir müssen weg, hier stimmt etwas nicht.
Hier in der Familie sprechen wir nicht oft über den Krieg, über die Vergangenheit. Immer nur dann, wenn die Familie alleine ist, wenn wir Zeit für uns selbst haben, das passiert natürlich selten – ich kann mich an sechs bis sieben Mal erinnern. Aber diese Gespräche dauerten dann viele, viele Stunden lang, sie waren sehr intensiv – und es ist immer schön, so zusammenzusitzen und reden zu können.
Es ist doch ganz normal, dass wir auch über dieses Thema diskutieren. Im Gegenteil: Es wäre nicht normal, den Krieg und die Vergangenheit zu tabuisieren. Wir alle haben das erlebt – da können und müssen wir auch darüber sprechen, wie wir es erlebt haben.»
Denken hier in Srebrenica viele Menschen so wie du?
«Ich kann nicht sagen, wie andere Menschen das sehen. Ich kann nur über meine Erfahrungen reden – und für mich ist es normal, mit den Menschen zu sprechen, die neben mir sitzen. Für mich ist es normal, dass wir in Bosnien und Herzegowina katholische, muslimische und orthodoxe Namen haben. Da mache ich keinen Unterschied. Ich weiß aber, dass Kinder, die in Banja Luka (die Hauptstadt der Republika Srpska, des serbischen Teiles von Bosnien und Herzegowina) aufwachsen, behaupten, ihre Haupt-

stadt sei Belgrad – während für die Kinder von Tuzla und Srebrenica klar ist: Ihre Hauptstadt ist Sarajevo. Das zeigt, dass die Einstellung sehr davon abhängt, in welchem Umfeld man aufwächst.
Und ich habe einen Vierjährigen erlebt, der einen Bus mit Steinen bewarf, weil er dort eine Muslima sitzen sah...
Ich werde meine Kinder so erziehen, wie mich meine Mutter erzogen hat: zu Offenheit und Toleranz. Aber natürlich gibt es auch andere Menschen. Solche, die auf der Basis von anderen Werten erzogen, die sozusagen «vergiftet» worden sind. Ich selbst will mit Extremen nichts zu tun haben. Wahrscheinlich sind aber die Extremen in der Mehrzahl, bilden die Toleranten die Minderheit. Das macht natürlich ein gutes Zusammenleben schwierig.
Und dann kommt es wieder zu Spannungen, weil falsche Menschen als Helden dargestellt werden. Leider gibt es immer noch Leute, die Mörder und Vergewaltiger als gut bezeichnen...»
Das klingt wenig hoffnungsvoll für die Zukunft...
«Das stimmt. Ich hoffe sehr, dass es nicht so ist, dass es nicht so sein wird. Ich hoffe, dass ein gutes Zusammenleben möglich wird in diesem Land. Aber ich kann meine Augen nicht vor der Realität verschließen. Die Wahrheit sieht leider düster aus.
In der Republika Srpska leben 93 Prozent serbische und 7 Prozent bosniakische Menschen. Musliminnen und Muslime sind eine absolute Minderheit. Viele von ihnen haben das Land verlassen, haben sich im Ausland eine Existenz aufgebaut. Sie werden nicht mehr zurückkehren – höchstens im Urlaub, für eine kurze Zeit. Sehr viele leben auch in der Umgebung von Sarajevo, in Sarajevo selbst oder in irgendeinem anderen Teil der bosnisch-kroatischen Föderation. Sie werden dort bleiben, sich assimilieren – oder Bosnien und Herzegowina ebenfalls den Rücken kehren.
Es gibt viele Menschen, die sich für ihre Herkunft schämen. Einer unserer Nachbarn zum Beispiel, ich kenne ihn, seit er ein kleiner Junge war, kam mit 17 Jahren nach Tuzla. Ich habe ihn gefragt, was er über unser Land denkt: Er schämt sich, Bosnier zu sein. Ich wollte ihm helfen, sich zu integrieren, in seinem Land wieder Fuß zu fassen – auch wenn Schreckliches passiert ist. Es hat nicht funktioniert. Er ist ausgewandert, nach Deutsch-

land, nach Ulm. So ein junger Mensch wird nicht zurückkehren. Er kann nicht zurückkommen.»

Eine junge Frau hier in Srebrenica hat uns erzählt, dass sie ihrem Kind bewusst einen «neutralen» Vornamen gegeben haben, damit man nicht auf den ersten Blick erkennt, welcher Ethnie es angehört. Ist das eine allgemeine Tendenz?

«In der Generation meiner Eltern erkennt man die religiöse Identität noch klar an den Namen – in meiner Generation ist das nicht mehr so. Bei Katholiken und Orthodoxen hat sich in dieser Beziehung allerdings nicht so viel verändert – sie geben ihren Kindern auch heute noch keine muslimischen Namen. Die muslimischen Menschen hingegen wählen jetzt die Namen frei.»

Gehört das zu der von dir erwähnten Assimilierung?

«Ich finde es normal, wenn Eltern ihrem Kind einen Namen geben, der ihm das Leben erleichtert, das wäre auch in Deutschland, Österreich und der Schweiz so. Aber ich denke, hier hat es zusätzlich auch mit Scham gegenüber der eigenen Identität zu tun. Das ist so.»

Was wünschst du dir für die Zukunft?

«Ich möchte die Universität abschließen, eine gut bezahlte Arbeitsstelle finden, eine Familie gründen, Kinder haben, das Geld für meine Kinder selbst verdienen. Ich möchte, dass meine Kinder genug zu essen haben, dass sie selbstständig werden. Und ich wünsche mir, dass das alles in Bosnien und Herzegowina passiert, vielleicht auch in Srebrenica. Aber das hängt davon ab, ob es möglich ist, hier zu arbeiten. Ohne Geld kann man nicht leben. Weder in Srebrenica noch in Sarajevo – und auch nicht in New York. Nirgends.»

Und wie wird Srebrenica in zehn Jahren aussehen?

«Ich glaube nicht, dass sich in nächster Zeit hier sehr viel verändern wird. Es wird keine Überraschungen geben – zumindest keine positiven. Hier dauert alles sehr lange ... Es ist schwierig, in solch einer Welt zu leben. Seit 1992 warten die Menschen hier. Sie warten und warten. Das Leben aber kann nicht warten. Es muss gelebt werden.»

Fatima Sejfić, Srebrenica

«Wenig Zeit, um wirklich jung zu sein»

«Meine Lieblingsfarbe ist Rot. Oder Rosa. Eines von beiden.» Fatima Sejfić sitzt im Wohnzimmer ihres Elternhauses, etwa einen Kilometer außerhalb von Srebrenica, Richtung Potočari. Es ist Morgen, sie ist soeben aufgestanden, wirkt noch ein wenig verschlafen. «Ich habe gestern lange gearbeitet, war sehr müde», erklärt sie. Und dazu ist sie kein Morgenmensch, wird erst am Abend so richtig wach. Fatima hustet. Es ist kalt im Zimmer, das durch einen Vorhang aus Holzperlen von der Küche getrennt wird. Das Fenster ist einen Spalt breit geöffnet, über der Stadt liegt herbstlicher Nebel – aber hier kommt schon die Sonne durch. Eine Sonne, die noch keine Wärme spendet, aber immerhin die Umgebung in freundliches Licht taucht.

Der Fernseher läuft, eine Soap. Fatima hat Mühe, sich aufs Gespräch zu konzentrieren, schaut immer wieder zum TV-Gerät, schmunzelt, ist mit dem Gedanken beim Hauptdarsteller, seiner Freundin und ihren Abenteuern. Dazwischen antwortet sie knapp, oft lächelt sie ein wenig verlegen. 23 Jahre ist sie alt, das drittjüngste von sieben Kindern von Abdurahman und Kadira Sejfić. Vier Brüder und zwei Schwestern hat Fatima, der älteste Bruder ist 1979 geboren, der jüngste geht noch zur Schule, in die sechste Klasse. Hier, in Srebrenica. Die Mutter hat uns die Türe geöffnet, hat uns willkommen geheißen. Sie serviert Kaffee, Saft und Kekse, sie schimpft ein wenig darüber, dass ihre Tochter gerade erst aufgestanden ist, sich nicht besser auf unseren Besuch vorbereitet hat. Fatima schüttelt den Kopf, kann den Ärger nicht verstehen, grinst. Dann setzt sie sich aufs Sofa, die Beine angezogen,

ein Gast im eigenen Haus, fast ein wenig fremd in dieser Umgebung, ein wenig unbeholfen. Sehr jung, zierlich, etwas scheu.
Das erste Mal trafen wir Fatima in der Webstube von BosFam (Bosnian Families). Gemeinsam mit ihrer Mutter lernte sie dort unter fachkundiger Anleitung, wie bosnische Teppiche gewebt werden, sie übte, was wichtig ist: die Übergänge von einer Farbe zur anderen, die typisch bosnischen Muster, den Abschluss. Damals war sie die Einzige, die – ein wenig scheu, aber neugierig und aufgeweckt – in die Kamera lächelte, ihre Arbeit für uns unterbrach. Bei BosFam haben Kadira, Fatima und Samira, ihre jüngste Schwester, mit dem Weben von Teppichen Geld verdient – und so dafür gesorgt, dass die Familie ein Einkommen hat. Der Vater ist erwerbslos, die meisten anderen Familienmitglieder ebenfalls. Lediglich ein Bruder verdiene noch etwas dazu, erzählt Fatima. «Er arbeitet im Memorial Center in Potočari, ist dort aber nicht angemeldet und daher auch nicht versichert.» Und Fatima ist Köchin im Restaurant Misirlije am Ende des Dorfes, dort, wo die Straße ansteigt, ein paar Meter vor der großen Kurve, in der die neue Keksfabrik steht. Jetzt sorgt Fatima gemeinsam mit ihrem Bruder für die gesamte Familie. Speziell dankbar scheint diese dafür nicht zu sein. Die Mutter behandelt ihre Tochter kühl und distanziert. Sechs der sieben Kinder wohnen noch bei den Eltern, eine Schwester ist ausgezogen. «Ich habe zwei Schwestern, aber eine ist verheiratet»: Die Formulierung drückt aus, was es heißt, verheiratet zu sein: Sie gehört eigentlich nicht mehr so richtig zur Familie, sie ist fort, weg von zu Hause, aufgesogen von der Familie des Ehemannes. Und völlig auf sich selbst gestellt. Allein verantwortlich dafür, dass sie genügend zu essen, zu trinken hat. Genug für das Leben.
Während des Krieges waren Fatima, ihre Eltern und Geschwister auf der Flucht. «Wir lebten nacheinander in Tuzla, Jubanovići, Mahala, kamen dann nach Sizje, in der Nähe von Lukavac. Dort waren wir am längsten», erzählt Fatima. In Sizje schloss sie auch die obligatorische Schulzeit ab, in Lukavac absolvierte sie die Berufsschule. Sie wurde Köchin.
2003 kehrte Fatima mit ihrer Familie nach Srebrenica zurück, von der Föderation in die Republika Srpska, zurück in eine Gemeinde, in der auch heute, elf Jahre nach Kriegsende, wenig funktioniert. In eine Stadt, in der die Menschen ihre eigene Zeitrechnung haben, die sie in «vor dem Massaker» und «nach dem Massaker» unterteilen. Srebrenica hat in diesem Krieg nicht nur

Wohlstand und Sicherheit verloren, sondern auch sehr viele seiner Bürger, seiner Männer. Viele Häuser stehen leer, erinnern an jene, die einst hier gelebt haben – und nie mehr wiederkehren werden. Und viele von denen, die zurückgekehrt sind, zu einem großen Teil alte Menschen, mehrheitlich Frauen, warten darauf, dass ihre Lieben gefunden und identifiziert werden. In einem der Massengräber in der Umgebung, bewacht von serbischen Polizisten, bewacht von Uniform und Pistole, beschützt von jemandem aus dem Kreis der Feinde. Zu spät beschützt. Immerhin wird so verhindert, dass sich nachts, wenn die Kriminologen und Staatsanwälte und Totengräber und Archäologen und internationalen Beobachter nicht mehr an der Arbeit sind, wenn all diese Männer nicht mehr schaufeln und bergen und verpacken und abtransportieren, dass sich dann Lebende zu den Toten gesellen, wilde Tiere zu den Skeletten. Dann, wenn diese unter Plastikplanen ruhen. Endlich ruhen...
Die Vergangenheit liegt bleischwer über der Stadt, scheint ein einigermaßen normales Leben zu verunmöglichen. Sie macht misstrauisch, sie verunsichert. Sie lähmt. Sie stellt sich dem Fortschritt in den Weg, der Entwicklung – und der Lebenslust.
Schon vor einem Jahr waren wir bei der Familie Sejfić zu Gast, bewunderten einen Riesenkürbis, ließen uns von Ausbauplänen erzählen, davon, dass das Haus verputzt werden solle, dass eine Erdbeerplantage geplant sei. Und jetzt? Ist es besser geworden, dieses Leben hier am Eingang zur Stadt? Zu dieser Stadt, die viele Menschen als «vergessene Stadt» bezeichnen, weil hierher niemand freiwillig kommt. Seit dem Massaker. Seit alles anders geworden ist...
Das kleine Geschäft an der Kreuzung, in dem Fatima und ihre Mutter einkaufen, ist nicht anders geworden. Weder größer noch kleiner noch gelber noch schöner. Es ist. Und dient als Wegweiser dorthin, wo wir erwartet werden. Blinken, abzweigen, Allrad zuschalten. Unmittelbar hinter der Abzweigung die Brücke, ein paar Häuser, dann ein Stück geradeaus – und rechts am Hang liegt das Haus von Kadira und Abdurahman Sejfić. Es ist nicht weit – doch die Straße ist schmal und matschig und unübersichtlich und schlecht befahrbar. Wie Fatima das wohl macht, ob sie Gummistiefel dabei hat, wenn sie von der Arbeit nach Hause kommt, wenn sie ins Geschäft geht? Oder nimmt sie einen anderen Weg, über das Feld, die Wiese? Doch wie kommt sie dann über den Bach?

Das Haus steht unverändert da – vor der Türe Gartenschuhe, Pantoffel. Und Stiefel. Das letzte Jahr hat keine Spuren hinterlassen, zumindest keine, die auf den ersten Blick zu sehen sind. Das Haus ist nicht schöner geworden, nicht verputzt, nicht weißer, es ist nicht ausgebaut. Das Zimmer im Erdgeschoss fehlt noch, hätte schon letztes Jahr entstehen sollen, neben dem Eingang, hinter dem, was einmal eine Terrasse werden könnte, wo letztes Jahr das Fahrrad lag, die Hühner scharrten, Baumaterial wartete. Jetzt wartet nichts mehr. Die Kürbisse sind kleiner, kein Rekord diesmal, nichts zu bewundern. Die Hühner scharren noch, wahrscheinlich scharren sie wieder, wahrscheinlich sind es neue Hühner, sind die anderen im Kochtopf gelandet, gegrillt, gekocht, gebacken, gebraten worden. Verwertet. Gegessen. Aber es gibt sie, die Hühner, und sie gackern, sind zufrieden. Im kleinen Unterstand hinter dem Haus liegen reife Maiskolben, oben am Hang blöken die Schafe. Und wo ist die alte Kuh, die zu wenig Milch gab und partout kein Kalb bekommen wollte? Weg. Gestorben. Verendet. So ist das eben.
Trostlos ist es. Nicht nur wegen der Kuh. Rund ums Haus werden Spinat, Kartoffeln, Mais, Paprika, Kürbisse, Bohnen und Tomaten gepflanzt. Keine Spur von Stolz oder Freude, wenn Kadira und Fatima uns den Garten zeigen, das Gemüse, das Haus. Nur Arbeit, Mühsal. Nur Armut. Und immer wieder der Hinweis auf früher, vor dem Krieg. Ein Vergleich, der weh tut, der die Freude erstickt, bevor sie lebendig werden, das Gesicht aufhellen und zum Leuchten bringen kann.
Eineinhalb Hektar Land gehören den Sejfićs, weiter oben am Hang sind noch die Ruinen des zweiten Hauses zu sehen, die Reste des Stalls. Mit Hilfe von Mercicorps konnten die Eltern von Fatima eines ihrer beiden Wohnhäuser wieder aufbauen. Das andere wäre für den ältesten Sohn ideal, sagt die Mutter, aber es fehlt das Geld. Nicht nur dafür, für alles. Die Schafe weiden jetzt unterhalb der Ruinen, ein Geschenk von einer Hilfsorganisation aus Bratunac, immerhin, aber wir hätten gerne wieder eine Kuh. Eine, die Milch gibt und ein Kalb bekommt. Aber so eine Kuh kostet. 800 bis 1000 Mark ungefähr. Und woher sollen wir die nehmen? Die Hühner scharren emsig wie vor einem Jahr, Tauben sitzen auf dem Dachfirst, die Paprika schauen rot und gelb zwischen den grünen Blättern hervor, könnten geerntet werden, eingelegt, gekocht. Kadira beklagt sich, hadert mit ihrem Schicksal. Sie scheint passiver als im letzten Jahr, älter, viel älter. Und weniger lebendig.

Sie webt immer noch Teppiche bei BosFam. Fatima arbeitet als Köchin. Im Sommer hat Fatima in der Stadt Abdulah Purković getroffen, den Besitzer des Restaurants Misirlije, ihren jetzigen Chef. Der Gedenktag vom Juli 2005 stand vor der Tür, viele Gäste waren angemeldet, er suchte jemanden, der in seinem Lokal – zu dem auch eine Pension gehört – in der Küche helfen würde. Fatima sagte zu. «Abdulah ist ein angenehmer Chef, mit Jela, meiner Kollegin, verstehe ich mich gut – und ich habe schon sehr viel gelernt.»
Muskalica koche sie am liebsten, erzählt Fatima. Das ist ein Eintopf, eine Spezialität von Abdulah, und er hat ihr beigebracht, wie das gekocht wird: «Man dünstet Zwiebeln, dann gibt man gewürfeltes Rindfleisch, klein geschnittenen Paprika und geschälte Tomaten dazu, würzt das Ganze mit Vegetta (einer bosnischen Streuwürzmischung), Salz und Pfeffer, gibt Tomatenmark dazu und lässt alles zusammen auf kleiner Flamme so lange köcheln, bis das Fleisch gar ist.»
Fatima muss nicht nachdenken, jetzt wird sie lebhaft, offensichtlich machen ihr das Kochen und die Arbeit im Restaurant Spaß. Daneben bleibt ihr wenig Zeit fürs Vergnügen. Wenn sie vom Restaurant nach Hause kommt, ist es meistens spät. Zu spät, um noch Kolleginnen zu treffen, um auszugehen. Oft ist sie auch müde. Müde vom Wirbel, vom langen Arbeitstag, von der Anspannung. Aber wenn sie Zeit und Lust hat, fährt sie mit dem Taxi nach Bratunac, wenige Kilometer sind das nur, das Taxi ist nicht teuer. «In Bratunac ist es besser für junge Leute, dort sind mehr Menschen, mehr Lokale, dort gibt es mehr Möglichkeiten.» Zum Tanzen? «Nein, zum Reden und Plaudern und Herumsitzen.» In der Föderation sei sie öfter ausgegangen, erzählt Fatima, habe mehr Freundinnen und Freunde gehabt. Aber mittlerweile hat sie sich an die Situation in Srebrenica gewöhnt. «Ja, ich bin gerne hier.»
Auch ihre Kolleginnen, die vom Kühllager der BosAgroFood Company, vergnügen sich in Bratunac und nicht in Srebrenica. Die BosAgroFood Company ist ein schwedisches Unternehmen, das beim Memorial Center in Potočari steht, unmittelbar daneben, auf der gegenüberliegenden Straßenseite, mit Blick auf die mittlerweile etwa 1500 grünen Grabstelen, auf das Mahnmal, den Ausstellungsraum, in dem die Gebetsteppiche liegen. 2003 ist es eingeweiht worden, Bill Clinton war hier, hat eine Ansprache gehalten, eine Ehre war das für die Menschen von Srebrenica, eine Ehre, die sie dem ehemaligen amerikanischen Präsidenten hoch anrechnen, unabhängig

davon, welche Rolle er oder Madeleine Albright im Krieg und beim Massaker gespielt haben. Das wissen hier ja wenige, vielleicht weiß es niemand, vielleicht will es ja auch niemand wissen.

Die schwedische Firma – sie war die erste, die nach dem Krieg in Srebrenica investierte – exportiert tiefgekühlte Beeren. Die gedeihen gut hier in der Gemeinde, die Erde ist nahrhaft, die Beeren werden süß und saftig, tiefrot, blau und schwarz, sie sind gesund, wachsen ohne chemischen Zusatz, wie die Leute hier immer wieder betonen. BosAgroFood stellt während der Beerensaison für eine befristete Zeit zusätzlich Arbeitskräfte ein. «Im Sommer beschäftigen sie etwa 50 Personen», sagt Fatima, «im Winter dann natürlich viel weniger.» Fatima hat im letzten Jahr dort ebenfalls einen Job gefunden, vorübergehend, für ein paar Wochen. «Ich stand am Fließband, musste Kisten putzen.» Das war vor dem Gedenktag, bevor sie bei Abdulah anfing. Und nach ihrer Tätigkeit als Weberin bei BosFam.

Diese Hilfsorganisation ist in Srebrenica und Tuzla aktiv, Frauen weben, häkeln und stricken, verkauft wird vor allem in Tuzla und via Internet. Die Produkte finden nicht reißenden Absatz, aber das Management unter der Leitung der ehemaligen Schuldirektorin gibt nicht auf. Im Herbst erzielte BosFam einen ersten durchschlagenden Erfolg: Aus Amerika traf eine Bestellung für Teppiche ein, die Freude war riesig, die Frauen webten und knüpften und verpackten – und schickten die Fracht dann per Lastwagen und Schiff weg. Was 1992 als Engagement einer Frauengruppe begann, wurde zwei Jahre später offiziell registriert – und ist zu einer Art Erfolgsgeschichte geworden. Zwar waren sie gezwungen, die Weiterbildungen einzustellen, weil die dafür nötige Finanzierung fehlt. Immerhin hat BosFam aber eine Zentrale in Tuzla und eine Zweigstelle in Srebrenica, bietet als Nichtregierungsorganisation den Frauen Beschäftigung und soziale Kontakte – unabhängig von Religion und Ethnie. BosFam sichert Einkommen – und ist zugleich ein psychosoziales Projekt. Weil die Frauen miteinander reden, das Erlebte verarbeiten, die Vergangenheit bewältigen – und für die Zukunft Hoffnung schöpfen. Teilnehmen können alle – unter der Bedingung, dass sie sich an die strikten Regeln halten: Es wird weder über den Krieg gesprochen noch über Politik. Dafür ist es zu früh, dafür sind die Wunden zu frisch.

Zurück zu Fatima, weg von den Teppichweberinnen, hin zur Köchin. Früher, als sie noch Frühschichten übernahm, ging sie abends manchmal mit einer

Arbeitskollegin aus. «Mit Elvira war ich oft weg. Mit ihr war es meistens lustig.» Seit einiger Zeit arbeitet Fatima nicht mehr Frühschicht, sondern regelmäßig von 13 bis 21 Uhr, mit einem freien Tag pro Woche. Dieser freie Tag wird vom Chef und seinen Angestellten flexibel gehandhabt. Es kommt darauf an, wie viele Gäste angemeldet sind, wie viel Arbeit zu erledigen ist, sagt Fatima. Wenn wenig läuft, kann sie früher nach Hause gehen, wenn viel zu tun ist, muss sie länger arbeiten. «Dafür werde ich dann auch extra bezahlt.» Weil die Arbeitszeit flexibel ist, kann Fatima nicht genau sagen, wie viel sie verdient. «Als Grundlohn sind 300 Mark vereinbart. Der tatsächliche Lohn liegt irgendwo zwischen 270 und 350 Mark monatlich.» Auch Fatima ist bei ihrer Arbeit weder angemeldet noch versichert. Das hat zwar den Vorteil, dass sie keine Abgaben zahlen muss (und ihr Arbeitgeber auch nicht!) – aber den Nachteil, dass jede soziale Absicherung fehlt. Beklagen will sich Fatima jedoch nicht. Ihre Situation ist hier ja nicht Ausnahme, sondern Normalfall. Im Gegenteil: Dass ihr Abdulah diesen Job angeboten hat, ist ein Glück.

Elvira, die Kollegin für die Abende, fürs Feiern und Ausgehen, hat das Restaurant mittlerweile verlassen. Andere Freundinnen hat Fatima nicht. Außer Jela, die eigentlich Jelka heißt, die zweite Köchin, die im Restaurant Misirlje arbeitet, eine Serbin. «Meine Schulkolleginnen sind nicht mehr da», sagt Fatima. «Die Familien sind vertrieben worden oder geflohen. Die Hälfte meiner ehemaligen Schulkolleginnen lebt im Ausland, die andere Hälfte irgendwo in der bosnisch-kroatischen Föderation.» Sie denkt nach, sagt, dass ihr keine einzige Freundin aus der Schulzeit einfällt, die jetzt noch in Srebrenica wohnt. Was nicht heiße, dass es wirklich so sei. «Ich habe einfach auch sehr wenig Zeit, privat Kontakte zu pflegen.»

Das Handy von Fatima piepst, ein SMS ist angekommen, sie schaut nach, lacht, sagt, Jela frage, wie es ihr gehe. «Die SMS sind ein Zeichen, dass wir aneinander denken.» Jela und Fatima, die Serbin und die Bosniakin, sie verstehen sich gut. «Wir schicken uns regelmäßig SMS», sagt Fatima. Sie räuspert sich immer wieder, ihre Stimme klingt belegt. Ob sie mit Jela über den Krieg spricht, über das, was passiert ist in Srebrenica? «Nein, niemals.» Sie sprechen über die Arbeit, «darüber, was wir so machen, wie es uns geht». Nicht über die Vergangenheit. «Wenn jemand anfängt, vom Krieg zu erzählen, spricht Jela nie mit. Sie sagt immer, sie weiß nicht, was hier passiert

ist. Sie ist erst später gekommen, danach, als alles schon vorbei war.» Für Fatima ist das Verhalten der Serbin, ihr Nicht-Wissen – ihr Nicht-Wissen-Wollen – kein Problem. «Mich stört das nicht. Wir sind trotzdem Freundinnen.» Zudem wisse sie selbst ebenfalls nichts über die Geschichte von Jela, über ihre Vergangenheit, darüber, was mit ihr im Krieg passiert sei. «Sie hat lediglich erzählt, dass sie aus Donja Vakuf gekommen ist, dass sie von dort weggehen musste. Warum, wie und wieso? Das weiß ich wirklich nicht.»

Zu den Gästen im Restaurant hat Fatima wenig Kontakt. Angehörige von internationalen Organisationen treffen sich dort, der Bürgermeister bringt seine offiziellen Gäste hin, das Lokal ist bekannt für seine gute Küche. «Es ist gut, wenn Gäste kommen», sagt Fatima. Dann gibt es Arbeit, dann steht sie neben Jela in der Küche, schält die Äpfel für den Kuchen, brät das Fleisch, würzt die Ćevape-Masse, bereitet am Ramadan die Fastensuppe zu, nimmt die Bestellungen entgegen, die Abdulah oder der Kellner von der Theke aus nach hinten rufen. Viele Gäste bedeuten viel Arbeit – und mehr Lohn. Und später, wenn alle weg sind, die Pfannen weggeräumt und die Lichter gelöscht, wenn die Küche nicht mehr nach Fleisch und Gemüse und Süßigkeiten riecht, sondern nach Putz- und Scheuermittel, wenn alles blitzt und blinkt, bereit ist für den nächsten Tag, den nächsten Ansturm, der vielleicht angemeldet ist und hoffentlich kommt, dann steigt Fatima in das Auto vom Chef und er bringt sie vom Restaurant zur Busstation im Zentrum – oder zum Taxistand. Die Fahrt von dort nach Hause, bis zur Haltestelle beim gelben Geschäft, kostet eine Mark. Egal, ob sie den Bus nimmt oder das Taxi.

«Insgesamt bin ich mit meiner Situation zufrieden, mit meinem Beruf», erzählt Fatima. Der Chef ist freundlich, die Arbeit nicht allzu schwierig, nicht sehr anstrengend. «Wir können essen und trinken, was wir wollen, werden nicht kontrolliert.» Und Kochen sei schöner als im Service zu arbeiten. Dafür sind andere zuständig. Der Chef und der Konobar, Abdulah und der Kellner. Der eine quirlig und kommunikativ, übergewichtig und sprachbegabt, liebenswürdig und fröhlich – der andere noch nicht so lange im Geschäft, schlank und traurig, vielleicht auch mürrisch, einer, der seinen Job macht, weil er ihn hat, behalten will. Fatima versteht sich mit den beiden Männern im Lokal. Und trotzdem: Wenn sie ein Angebot erhielte, eine bessere Stelle, dann würde sie gehen, würde Abdulah und Jela und dem Kellner, dem Misirlje und seinen Gästen den Rücken kehren. Was wäre denn ein gutes Angebot? Eine Stelle in einem der großen, der guten Hotels in Sarajevo, das wäre was, sagt sie. Eines von denen, das sie gesehen hat, damals, als sie ihre Tante besuchte. Dort, ja genau, dort würde sie gerne kochen, das wäre super, sagt sie. Aber das ist Zukunftsmusik, Träumerei. Immerhin hat sie eine Arbeit, ein gesichertes Einkommen. Das ist wichtig. Für sie und für die gesamte Familie.

Wenn sie frei hat, hilft Fatima der Mutter im Haushalt oder auf dem Feld, sie liest gerne – Zeitschriften und Liebesromane. Und sie hat einen Freund. Wir wollen wissen, ob das der junge Mann sei, der jeden Abend mit dem Pferd beim Restaurant vorbeikommt, mit dem ihr Chef sie immer neckt? «Nein, der mit dem Pferd gefällt mir überhaupt nicht», sagt sie, lacht. Die Mutter mischt sich ein. Sie ist nicht zufrieden mit dem Freund der Tochter. Sie wünscht sich einen Schwiegersohn jenseits der bosnischen Grenze, einen, der die Tochter ins Ausland holt, in ein besseres Leben – und ganz sicher einen, der dann regelmäßig Geld nach Srebrenica schickt. Geld, das auch dem Rest der Familie ein besseres Leben ermöglicht. Fatima schüttelt den Kopf: «Mir ist egal, woher er kommt. Hauptsache, ich liebe ihn.»

Den jungen Mann, den sie als ihren Freund bezeichnet, hat sie vor einem Jahr in einer Diskothek kennen gelernt. Sie besuchte damals – an Bajram, dem islamischen Fest am Ende des Fastenmonats Ramadan – ihre Schwester, die älteste, die in Dubosnica verheiratet ist, in der Nähe von Lukovac. Dieser Freund lebt in der Föderation, sagt sie, ist noch nicht lange hier in Bosnien, er hat in Slowenien gearbeitet, ist vor einiger Zeit zurückgekommen. Im März hat sie ihn das letzte Mal gesehen – seither beschränkt sich die Freundschaft auf telefonische Kontakte, auf Anrufe und SMS. «Er würde gerne hierher kommen, kennt aber den Weg nicht», sagt Fatima. Ihr scheint diese Erklärung plausibel. Er wird sie finden. Irgendwann. Und bis dahin müssen SMS mithelfen, die Distanz zu überwinden.

Wie aber stellt sie sich ihre Zukunft vor? Für Fatima ist klar, dass sie heiraten und Kinder haben möchte. Zwei Kinder, sagt sie, die selbst mit sechs Geschwistern aufgewachsen ist, und dass es ihr egal sei, ob Mädchen oder Knaben, gesund sollen sie sein. «Ich habe es toll gefunden, nicht nur Schwestern, sondern auch Brüder zu haben.» Mutter Kadira kommentiert ab und zu, wenn sie mit Aussagen ihrer Tochter nicht einverstanden ist, sie bekräftigt aber auch, ergänzt, erklärt, hält sich zwischendurch in der Küche auf, hantiert mit Gemüse und Geschirr, ist oft unsichtbar – aber merklich präsent. So wird die Stimme von Fatima leise, wenn sie von ihrem Freund spricht, von der Zukunft, Kadira soll nicht alles hören, muss nicht alles wissen. Endlich verlässt die Mutter den Raum, geht hinaus, in den Garten, vielleicht, zu den Hühnern, zum Gemüse. Wir nutzen die Gelegenheit, fragen Fatima nach ihrer Vergangenheit, nach dem Krieg – danach, woran sie sich erinnern kann. Sie war auch in Potočari, im Lager der UN-Schutztruppen, damals, in diesem heißen Juli 1995. «Ich weiß aber nicht mehr sehr viel.» Sie sitzt ganz ruhig, erinnert sich dann doch. Sie räuspert sich, lacht verlegen, verschränkt die Hände. Ihr Gesicht wird abweisend, sie will weg von den Bildern – und ist doch mittendrin. Dann beginnt sie zu erzählen: «Ich war sehr klein, damals, getraute mich nicht, genau hinzusehen.» So sah sie weg, schloss die Augen, um nicht zu sehen, nicht zu merken, nicht zu wissen. Trotzdem bekam sie einiges mit: «Ich sah, wie sie junge Mädchen von ihren Familien trennten und den Müttern wegnahmen. Ich bemerkte, dass junge Frauen vom Wasserholen nicht mehr zurückkehrten.» Deshalb traute sie sich nicht mehr alleine zur Toilette zu gehen, deshalb hatte sie Angst, ebenfalls nicht zurückzukommen, nicht zurückkommen zu dürfen, zu können. «Sie haben mich immer so komisch angeschaut, wenn ich zur Toilette ging.» *Sie.* Die Männer, die Soldaten. Fatima macht eine Pause, spricht dann sehr leise weiter: «Ich sah, wie sie einen Mann nackt auszogen und dann erschossen.» Wieder dieses *Sie*, von dem sie annimmt, dass wir wissen, wissen müssten. Ein *Sie*, das keine Präzisierung braucht.

Dann wurde Fatima gemeinsam mit Mutter und Schwester nach Tuzla deportiert. «Auf dem Weg von Potočari nach Bratunac lagen viele Leichen. Am Straßenrand, notdürftig mit Decken zugedeckt.»

Auch Fatima verlor beim Massaker 1995 männliche Verwandte: einen Onkel und einen Cousin. Dass ihr Vater und der älteste Bruder überlebt haben, grenzt an ein Wunder. «Sie flohen aus Potočari, beide zusammen, sie versteckten sich im Wald, gingen gemeinsam nach Tuzla.» Wie lange sie unterwegs gewesen seien, wüssten sie selbst nicht mehr. Fünf, zehn, zwanzig Tage vielleicht, lange auf jeden Fall. Sie selbst sei gemeinsam mit den anderen Geschwistern und der Mutter ebenfalls nach Tuzla gebracht worden. Und dort habe sich die Familie dann wieder getroffen. Zum Glück.

Die Familie Sejfić selbst hat den Krieg und das Massaker von Srebrenica vollzählig überlebt. Vater, Mutter, Söhne, Töchter, alle sind noch am Leben. Sie sprechen nicht über diese Zeit. Höchstens dann, wenn Gäste kommen. «Mit den Nachbarn manchmal», sagt Fatima. Oder mit Verwandten. Und dann werden sie wieder lebendig, all die schrecklichen Geschichten von damals, die sich in die Köpfe und Seelen der Menschen eingegraben haben, die sich nicht mehr löschen lassen, die sie bis an ihr Lebensende mittragen werden. Mittragen müssen. Es geht bei diesen Gesprächen nicht um Täter und Opfer, Schuld und Unschuld. «Meist erzählen sie, was sie erlebt haben», sagt Fatima. «Das ist schlimm, oft sehr schlimm sogar.» Und manchmal kann sie sie nicht mehr ertragen, diese Vergangenheit. Dann zieht sie sich zurück, dann geht sie. Weg von den anderen. Und weg von all den traurigen, den «sehr, sehr traurigen Geschichten». Sie erzählt sie jetzt nicht, diese Geschichten. Wir haben sie bei anderen Gesprächen gehört. Geschichten von der Flucht durch den Wald, zum Beispiel, von den vielen Menschen, die diese Flucht nicht überlebt hatten und irgendwo im Wald lagen, von den Quellen, die vergiftet worden waren, so dass es kein Wasser mehr gab, von all jenen, die aus Mangel an Salz und Wasser erblindeten, von Verwundeten und Schwerverletzten.
Fatima findet zwischendurch Möglichkeiten, sich der Vergangenheit zu verweigern. Sie ist jung, sie will ihre Jugend genießen. Einfach ist das nicht. Jung sein in Srebrenica heißt mit dem leben, was passiert ist, nur die Erinnerung zuzulassen, die ertragen werden kann. Jung sein heißt Armut ertragen und Verantwortung übernehmen. Nicht Wünsche stehen im Vordergrund, sondern Realitäten, nicht Freizeit, sondern Arbeit. Wichtig ist die Hoffnung. Und der Glaube daran, dass sie nicht umsonst ist.
Fatima ist ein Morgenmuffel, sie trifft sich mit Kolleginnen, sie liest Liebesromane, geht gerne aus, sie grenzt sich ab, will ihr Leben gestalten – unabhängig von Vater, Mutter, Geschwistern. «Meine Lieblingsfarbe ist Rot – oder Rosa.» Rosa. Fatima hat dieselbe Lieblingsfarbe wie so viele andere junge Frauen auch. Frauen, die über das, was sie verdienen, frei verfügen können, die sich keine Gedanken darüber machen müssen, was ihre Familie morgen essen wird. Oder übermorgen, in einer Woche.
Rosa und Musik und Freundinnen und Liebesromane: Es gibt Parallelen. Und die Hoffnung darauf, dass auch das Leben von Fatima einmal einfacher wird. Später. Irgendwann. Vielleicht.

Himzija Beganović, Sjedaće

«Ich will nicht sterben!»

Wir verlassen das Städtchen in Richtung Zeleni Jadar, passieren das Haus von Džemka und Damir Jusufović, fahren durch das Tal hinauf bis zur Kreuzung nach Osat. Ein roter Fiat steht am Straßenrand, ein Mann davor, mager und ausgemergelt, in zerschlissenen Jeans und mit offenem Hemd, eine Zigarette in der Hand. Ein anderer wartet im Auto. Beide winken, wir halten an. Sie haben gewartet, gewartet auf das Auto mit den drei Frauen, die seit Tagen hier in der Gegend umherfahren und Leute besuchen.
«Wir brauchen auch Hilfe. Wieso kommt ihr nicht zu uns? Ich bin verheiratet, habe drei Kinder – und niemand hilft uns. Könnt ihr wenigstens helfen?»
«Wir sind Journalistinnen, nicht Hilfswerk-Vertreterinnen. Wir bringen keine Hilfe, sind auf der Suche nach Geschichten, wir schreiben auf, was uns die Menschen erzählen.»
Die Männer sind enttäuscht. Sie wollen diskutieren, wollen überzeugen, brauchen nicht Worte, nicht Menschen, die zuhören. Sie wollen eine Kuh und einen Traktor, eine Arbeitsstelle und Geld. Geld für Lebensmittel und Kleider. Sie wünschen sich ein besseres Leben. Wie so viele andere Menschen hier in Srebrenica auch. Besuch von Fremden bedeutet für sie alle deshalb immer ein wenig Hoffnung. Hoffnung auf Aufmerksamkeit, auf großzügige Geschenke, auf Hilfe. Hand in Hand mit dieser Hoffnung gehen Enttäuschung und Neid. Enttäuschung, wenn diese Aufmerksamkeit auch oder vor allem anderen zuteil wird, Neid, wenn die Nachbarn

eine Kuh, eine Ziege, Schafe, Landmaschinen, Saatgut oder Lebensmittel bekommen – und die eigene Familie leer ausgeht. «Solange niemand etwas hat, funktioniert die Nachbarschaftshilfe. Doch sobald es einer der Familien ein wenig besser geht, regen sich sofort Missgunst und Neid», hatte Hilfswerkvertreter Namir Porić gesagt. Wahrscheinlich zu Recht. Natürlich gehen die Hilfswerke nach objektiven Richtlinien und Kriterien vor. Trotzdem sind diese für die einzelnen Menschen oft schwer zu verstehen, kaum nachzuvollziehen.

Wir müssen die Männer enttäuschen, versprechen aber, später bei ihnen vorbeizuschauen, uns ihre Geschichte anzuhören. Doch jetzt wollen wir weiter, Himzija wartet. «Zu Himzija und Jasidin wollt ihr fahren? Ihr werdet nicht lange bleiben, bei denen, ihr werdet schon sehen. Dann habt ihr Zeit, nochmals bei uns vorbeizuschauen. Hier seid ihr herzlich willkommen.» Die Nachbarn hatten uns gewarnt, ohne konkret zu werden. Wir verstanden nicht, was uns mitgeteilt werden sollte, konnten den verschlüsselten Hinweis nicht entziffern. Und freuten uns trotzdem auf das Wiedersehen mit der jungen Familie Beganović.

Die Straße, die zu Himzija und Jasidin Beganović führt, kennen wir bereits – die beiden wohnen ebenfalls in Sjedaće, in unmittelbarer Nähe des Stausees Perućačko Jezero. Die Sonne spiegelt sich im Wasser, keine Menschenseele ist zu sehen. Fast eine Stunde dauert die Fahrt von der Stadt Srebrenica nach Sjedaće. Gleich neben der Straße parkieren wir das Auto, müssen noch ein paar Meter den Hang hinaufgehen zu den paar Häusern, die eng nebeneinander stehen und fast so etwas wie eine kleine Siedlung bilden. Ein Hund bellt und zerrt wie wild an der Kette, Himzija läuft uns entgegen.

«Wo wart ihr denn so lange? Ich habe euch erwartet. Ich dachte schon, dass ihr es euch anders überlegt habt, dass ihr nicht mehr kommt.»

Jetzt sind wir da, Himzija freut sich, sie strahlt übers ganze Gesicht, «kommt, kommt schnell», sie eilt voran, bringt uns zur Familie, zu Mann und Kind, zu den Schwiegereltern, den Schwägern und Schwägerinnen. Himzija Beganović ist in den letzten paar Monaten noch schmaler geworden, die dunklen Augen wirken groß im Oval des Gesichts, die Haut ist von der Sonne gebräunt – und wirkt trotzdem blass. 21 Jahre alt ist Himzija, seit sieben Jahren verheiratet mit Jasidin, er ist 29, vor drei Jahren haben die beiden ihr erstes Kind bekommen, die kleine Alma, ein zerbrechliches Persönchen mit dünnen Armen und Beinen, mit großen Augen im bleichen Gesicht. Ein schweigsames, scheues Kind. Doch Himzija ist überzeugt davon, dass es ihrer Tochter gut geht. «Sie ist viel im Freien, hier ist die Luft rein und gesund, sie hat Appetit und viel Energie. Das Leben auf dem Land ist für Kinder wirklich angenehm.» Nur Würmer habe die Kleine manchmal, das aber sei eigentlich kein Problem, «da gibt es Wurmkuren, einen Sirup, der kostet nur fünf Mark. Und dann ist das Kind schnell wieder gesund».

Zwischen den einzelnen Häusern stehen eine Sitzbank und ein Tisch. Und daneben prangt ein Brunnen. «Jasidins Brüder sind vor drei Monaten ebenfalls nach Srebrenica zurückgekehrt, wohnen jetzt bei uns. Sie haben die Quelle gefasst und den Brunnen gebaut», erklärt Himzija. Die Brüder – alle im Alter zwischen 20 und 30 Jahren, stattliche Männer mit muskulösen Armen, gebräunt von der Sonne und der Arbeit im Freien – stehen stolz dabei, erklären, was sie wie und womit gemacht haben, demonstrieren, dass das Werk auch wirklich funktioniert. Sie ziehen am Hebel – und klares Wasser rinnt aus der Öffnung. Alma lacht, bespritzt ihre Onkel mit Wasser, die jungen Männer lachen ebenfalls. Und machen sich dann wieder an die Arbeit. Hinter dem Haus soll ein Himbeerfeld entstehen. Alles in mühsamer Handarbeit. Aber vielleicht lässt sich ja mit den Himbeeren ein wenig Geld verdienen.

Himzijas Schwiegermutter fordert uns auf, Platz zu nehmen, Himzija bringt für alle Kaffee, die anderen Frauen servieren Baumnüsse und getrocknete Zwetschgen. Alle erzählen vom Elend, in dem sie leben, zeigen auf die kleinen Häuser, in denen sie wohnen. «Ich habe nicht einmal ein eigenes Haus», klagt die Schwiegermutter, sie müsse im Haus des Sohnes und der Schwiegertochter schlafen, im Wohnzimmer. Sie zieht an ihrer Zigarette, sagt, die Zeiten seien schlecht in Srebrenica, fordert uns auf, die getrockneten Zwetschgen zu probieren. Zwetschgen ohne jeden chemischen Zusatz sind das, biologisch und naturrein, wie alles hier in Sjedaće, so gut wie nirgends sonst, getrocknet im Holzofen über dem offenen Feuer. Später werden wir uns den Ofen von einem von Jasidins Brüdern erklären lassen, jetzt probieren wir gerne. Die Früchte sind süß und geschmackvoll, einfach köstlich.

Himzija und Jasidin sind dabei, ein eigenes Haus zu bauen, das Material haben sie von der UNO-Flüchtlingsorganisation UNDP als Geschenk erhalten, dazu Mehl, Zucker und Kaffee, vieles, was sie zum Überleben brauchen. Für den Bau des Hauses sind sie selbst zuständig, Jasidins Brüder und die Nachbarn helfen dabei. Aber sie müssen auch Fachleute beiziehen. «Wir mussten einen Ofen verkaufen, um den Baumeister bezahlen zu können, der das Fundament betoniert hat» sagt Himzija, «und jetzt suchen wir jemanden, der den Dachstock macht. Das kann Jasidin nicht selber.» Ob das Haus bis zum Winter fertig wird? Himzija glaubt nicht daran. Zwar hätten die UNDP und die Gemeinde schon Leute geschickt, die helfen könnten. «Doch die meisten arbeiten parallel an zwei Häusern, die Arbeit geht langsam voran, weil die dafür nötigen Maschinen fehlen». Deshalb wird die Familie wahrscheinlich den Winter noch im Holzhaus verbringen müssen.

In dem Holzhaus, das die Hilfsorganisation «Bauern helfen Bauern» vor acht Monaten für Himzija, Jasidin und Alma aufgestellt hat. Ein Haus ohne sanitäre Einrichtungen, dafür mit einem Ofen und mit zwei Stockwerken: einem zum Wohnen und einem zum Schlafen. Bei unserem letzten Besuch hatte uns Himzija voller Stolz ihr neues Heim präsentiert, das Wohn- und das Schlafzimmer gezeigt, die eingemachten Paprika, die neuen Küchengeräte. Damals wirkte sie glücklich und zufrieden, voller Lebensfreude und Elan. Jetzt sieht sie müde aus – auch wenn sie sich offensichtlich darauf freut, in ein paar Monaten, spätestens im nächsten Frühling, ein richtiges Haus und mehr Platz zu haben.

Himzija ist ungeduldig, will nicht bei den anderen im Freien sitzen, nicht den Besuch teilen, sich nicht herumkommandieren lassen. Sie hatte sich darauf gefreut, uns ganz für sich zu haben, will selbst reden – und nicht nur zuhören, was die anderen Frauen zu erzählen, zu jammern und zu sagen haben. «Kommt, wir gehen ins Haus, hier können wir nicht in Ruhe reden.»

Den übrigen Frauen gefällt das überhaupt nicht, die Atmosphäre ist gereizt, wir gehen mit Himzija ins Haus. Sie schließt die Türe. «Wenn das so weitergeht, müssen wir hier weg», wird sie ein wenig später sagen. «Wir haben keine Chance. Hier leben zu viele Menschen auf engstem Raum. Ich muss mich immer gegen meine Schwiegereltern durchsetzen. Hol dem Vater dies, mach dem Vater jenes, immer werde ich herumkommandiert, immer muss ich machen, was die anderen wollen. Das ist doch kein Leben!»

Mit dem Schwiegervater verstehe sie sich eigentlich ganz gut, erzählt Himzija. Er ist ein alter Mann, den der Krieg sehr mitgenommen hat. Er zittert, fühlt sich immer noch verantwortlich für die Familie, für die Söhne und ihre Ehefrauen – und ist trotzdem nicht in der Lage, für sie zu sorgen. Auch heute wirkt Jasidins Vater deprimiert, er sitzt gebückt auf einem Stuhl, scheint keine Lust zu verspüren, sich an der Unterhaltung zu beteiligen. «Er erträgt weder Freude noch Trauer – alles wirkt sich bei ihm sofort körperlich aus», erklärt Himzija.

Überhaupt sei das Klima in der Großfamilie nicht sehr gut: «Die Menschen vertragen sich nicht miteinander», sagt sie, dass sie vor allem mit den Schwägerinnen Mühe habe – und mit der Schwiegermutter. «Von ihr lasse ich mir nichts sagen. Ich mache, was ich will – und schaue, dass ich für mich bin und mit ihr wenig zu tun habe.»

Aufgewachsen ist Himzija Beganović in Konjević Polje, in der Nähe der großen Kreuzung, wo sich die Straße von Srebrenica her kommend gabelt – auf der einen Seite nach Zvornik führt und sich auf der anderen in Richtung Bratunac und Srebrenica schlängelt. Bei der riesigen Tankstelle, die einem Serben gehört, der in Den Haag verurteilt worden ist und im Gefängnis sitzt. Konjević Polje ist nicht so idyllisch wie Sjedaće, aber auch nicht so abgelegen, nicht so ruhig, aber auch nicht so einsam.

«Die Einsamkeit ist kein Problem für mich», sagt Himzija später, nein, sie vermisse nichts, nein, es gehe ihr gut hier.

«Aber es ist auch sehr schwierig. Keiner der Männer hat eine Arbeitsstelle, niemand hat genug zu essen.» Himzija will sich nicht beklagen, sie stellt das einfach fest. Sämtliche Familienmitglieder seien beim Arbeitsamt angemeldet, aber in der aktuellen Situation habe niemand auch nur die geringste Aussicht darauf, in absehbarer Zeit einen Job zu erhalten. So leben sie von dem, was sie von den diversen Hilfsorganisationen bekommen. Wenn das Geld und die Lebensmittel knapp werden, ernähren sie sich oft wochenlang von den kleinen Fischen, die sie im See fangen und dann kochen, braten oder räuchern. Im Sommer und im Herbst können sie Gemüse und Obst ernten, gibt es Kartoffeln, Kürbis, Mais, Bohnen, Nüsse,

SLEEP
BASKET

Äpfel und Zwetschgen. «90 Kilogramm Bohnen haben wir dieses Jahr geerntet», sagt Himzija. Das reicht wieder eine Weile.
Aber auch die Tiere sind wichtig: Jasidins Ziegen liefern Milch – «ich kann keine Ziegenmilch trinken, aber Alma findet sie gut» – und Käse. Der Schwager hat eine Kuh, der Schwiegervater ein paar Schafe. «Eine Kuh, das ist zu wenig für eine so große Familie», sagt Himzija. «Die Kuh gibt nur eineinhalb Liter Milch pro Tag, das reicht nicht einmal für vier Personen.» Trotzdem bekommen Himzija, Jasidin und Alma ab und zu auch ein klein wenig von dieser Milch. Und sind dankbar dafür.
Dankbar ist Himzija auch für alles andere, was die Familie in den letzten Jahren erhalten hat. Sie lobt die österreichische Hilfsorganisation, die der Familie geholfen hat – und sie immer noch betreut: «Sie haben uns auf die Beine gestellt. Ohne sie hätten wir hier nicht überlebt.» Von Srebrenica, von der Gemeinde und den Behörden, sei jedoch keine Hilfe zu erwarten, sagt sie. «Ihr seht ja selbst, wie weit man von der Stadt hier heraus fährt. 30 Kilometer sind es bis nach Srebrenica, die Straßen sind schlecht, man kommt nicht gut voran. Wenn es etwas zu verteilen gibt, dann wird das in der Stadt verteilt. Hierher kommt niemand.» Doch gleich darauf korrigiert sie sich: «Stimmt nicht, nein, ich muss gerecht bleiben: Einmal war der Bürgermeister persönlich hier und hat Pferdedecken gebracht. Schaut, die hier, früher waren sie gut für die Pferde, jetzt verwenden wir sie in unserem Haus als Teppiche.» Der Zynismus ist unüberhörbar, der Glaube an die Behörde in Srebrenica klein, die Enttäuschung über das Leben groß.
Himzija erzählt von ihrer Kindheit in Konjević Polje, von der Mutter, dem Vater, den drei Schwestern. Sie besuchte dort die Grundschule – allerdings nur bis zur fünften Klasse. «Danach bekam die Mutter das vierte Kind und ein Jahr später wurde sie krank, konnte nicht mehr arbeiten. Ich musste alles machen, den Haushalt führen, kochen, waschen und putzen, die Geschwister betreuen, den Garten versorgen, die Mutter pflegen. Da brachte es wirklich nichts, daneben auch noch zur Schule zu gehen. Ich war immer müde, hatte keine Zeit, die Hausaufgaben zu machen – und bin oft während des Unterrichts eingeschlafen.» Schon bald danach lernte Himzija Jasidin kennen, «es war Liebe auf den ersten Blick», die beiden heirateten und zogen gemeinsam nach Kakanj und später nach Srebrenica.

«Anfangs war es schwierig hier, die Serben haben uns beleidigt, provoziert», sagt Himzija. Und auch Jasidin ging es schlecht. Er war im Krieg festgenommen und nach Serbien in ein Konzentrationslager gebracht worden. «Als er nach achteinhalb Monaten zurückkam, habe ich ihn nicht mehr erkannt», sagt Himzija. Der Schreck von damals scheint zurückzukehren, die Stimme versagt. «Er war total abgemagert, sah schrecklich aus, hatte einen irren Blick. Immer wieder erzählt er, wie er damals verprügelt und gefoltert worden ist. Und auch jetzt hat er manchmal starke Schmerzen, der Blinddarm tut ihm weh, ich mache ihm oft kalte Kompressen.»
Himzija sorgt gut für ihren Mann, ist ihm eine gute Frau. Aber Liebe und Fürsorge alleine reichen nicht, um ein gutes, ein zufriedenes Leben zu führen. «Wenn er die Möglichkeit hätte, Geld zu verdienen, wäre alles nicht so schlimm», sagt sie. Dann könnten Himzija und Jasidin auch so für ihr Kind sorgen, wie sie es sich erträumen, sie könnten ihm Kleider und Spielzeug kaufen, dann wäre nicht alles so unendlich mühsam ...

Auch Himzija suchte – wie viele andere Frauen aus der Gegend von Srebrenica – während des Krieges Schutz bei den holländischen Blauhelmen im Hauptquartier in Potočari, auch sie wurde von den serbischen Nationalisten nach Tuzla in eines der Flüchtlingslager gebracht. Sie weiß nicht mehr, wie lange sie dort war. Drei, vier Jahre vielleicht, gemeinsam mit der Mutter und den drei Schwestern. Ihr Vater habe das Massaker überlebt, erzählt sie. «Er ist in den Wald geflohen, hat sich dann versteckt, ging schließlich zu Fuß nach Tuzla und hat uns dort gefunden.»

Wann immer es möglich ist, sammelt Himzija im Wald Kräuter und Pilze, die sie anschließend konserviert, trocknet oder verarbeitet. «Wir sammeln einfach alles, was wir kennen», sagt sie, wird plötzlich lebendig, erklärt, wie sie die Kräuter zu Tee, Salben und Tinkturen verarbeitet, Gemüse einlegt und konserviert, Marmelade macht, wie sie für ihre Familie sorgt, wie fleißig sie arbeitet. Sie zeigt uns den Vorrat, den sie für den Winter angelegt hat: große Säcke mit Nüssen, mit getrockneten Zwetschgen. Und hinter dem Haus ist fein säuberlich eine Menge Brennholz aufgeschichtet. Denn der Winter wird lang und kalt werden. Ganz sicher.

Himzija macht eine Pause, seufzt einige Male, atmet tief durch – und beginnt plötzlich bitterlich zu weinen. «Ich bin sehr krank», sagt sie, «wenn mir niemand hilft, muss ich vielleicht sterben.» Himzija erzählt, sie habe seit Almas Geburt eine Verletzung im Unterleib, der Arzt habe Alma «mit der Vakuum-Pumpe geholt» und dabei sei der Muttermund verletzt worden, daher müsse sie jetzt regelmäßig zur Behandlung, die Wunde müsse jeden zweiten Tag gereinigt, gespült und versorgt werden. Doch der Weg in die Klinik ist weit, sie müsste den Schulbus nehmen, der am frühen Morgen die Kinder von Sjedaće nach Srebrenica bringt und am Abend zurück, den Bus, für den die Erwachsenen bezahlen müssen, der nur für Kinder gratis ist. Himzija aber hat kein Geld, um den Bus zu bezahlen, kein Geld für den Arzt.

«Ich habe Angst, dass die Wunde größer wird, dass das weitergeht. Ich habe Angst, vor lauter Angst verrückt zu werden.»

Tabletten hat sie bekommen gegen diese Angst. Doch die Medikamente helfen nicht. So bleiben die Schmerzen, bleibt das Ziehen im Unterleib, bleibt die Verzweiflung. An ein zweites Kind sei in dieser Situation nicht zu denken, sie dürfe nicht schwanger werden, habe der Arzt gesagt. Sie zeigt ein Rezept, will beweisen, dass regelmäßige Besuche verordnet worden sind, dass sie die Wahrheit sagt. Dass sie Hilfe braucht. Dringend. Damit sie nicht stirbt.

Auch wenn wir bezweifeln, dass die Wunde von Almas Geburt herrührt, auch wenn wir später noch eine andere Version der Verletzung hören werden: Klar ist, dass Himzija Schmerzen hat, dass sie verzweifelt ist, dass es ihr schlecht geht. Wir versprechen, mit Namir Porić zu sprechen und uns bei ihm dafür einzusetzen, dass ihr geholfen wird. Mehr können wir nicht tun. Doch: Wir können ihr Zwetschgen abkaufen. So kommt sie zu ein wenig Bargeld – und wir kommen zu köstlichen, naturreinen Dörrzwetschgen. Himzija schluckt ein letztes Mal, wischt resolut die Tränen ab, verwandelt sich schon nach wenigen Minuten zur Geschäftsfrau. Sie holt die Waage und einen großen Sack mit den Zwetschgen, die so intensiv nach Holzofen und Frucht riechen, sie verpackt alles in Plastiktaschen, kassiert das Geld und gibt es in eine Büchse, die sie in den Küchenschrank stellt. Wir hoffen, dass sie es dafür verwendet, am nächsten Tag zum Arzt zu fahren.

Doch in der Stadt treffen wir am nächsten Tag nicht Himzija, sondern eine ihrer Schwägerinnen. Mit einem 50-Kilo-Sack Mehl über der Schulter. Ob Himzija dieses Mehl bezahlen musste? Oder bezahlen wollte? Wir wissen es nicht. Und wollen es auch nicht wissen, wollen uns nicht vorstellen müs-

sen, was das für Himzija bedeutet hätte. Wir möchten daran glauben, dass das Geld aus dem Verkauf der Zwetschgen Himzija ein paar Arztbesuche ermöglicht, ein paar Tage mit weniger Angst, weniger Schmerzen.
Von der Qualität her könnten Himzija und Jasidin die gedörrten Zwetschgen gut verkaufen. Die Früchte, die auf dem Markt in Sarajevo verkauft werden, sind halb so gut und doppelt so teuer. Zudem gab es in diversen anderen Regionen der Gemeinde Srebrenica in diesem Herbst überhaupt keine Zwetschgen – der Preis würde also auch stimmen. Wenn es denn jemanden gäbe, der die Zwetschgen holt. Die Frauen in Osat hatten einen Tag davor erzählt, dass der Händler, der die Früchte im letzten Jahr aufgekauft und abgeholt hatte, dieses Jahr nicht mehr gekommen sei. Und den Menschen in dieser Gegend fehlen die Mittel und die Energie, um selbst tätig zu werden, um nach einer Absatzmöglichkeit für ihre Produkte zu suchen.
So hoffen Himzija und Jasidin jetzt auf die Himbeer-Plantagen. Im letzten Jahr habe alles wunderbar geklappt, die Sträuche blühten und trugen reichlich Früchte, dann wurde fleißig geerntet – und schließlich sollte ein Kühlwagen die Himbeeren in die Stadt bringen. «Doch wir warteten umsonst», erzählt Jasidin. Der Wagen hatte auf der schmalen Straße eine Panne, ein Ersatzfahrzeug ließ sich nicht organisieren – und so waren die Früchte verfault, noch bevor sie transportiert werden konnten. Das war Pech. So eine Panne lässt sich nicht verhindern, Versicherungen existieren nicht – und für verfaulte Himbeeren gibt es kein Geld.
Jetzt hoffen alle auf den nächsten Sommer, auf die nächsten Himbeeren, sie hoffen auf Hilfe von irgendwo, von irgendwem, träumen von einer zweiten, einer dritten Kuh, von genügend Milch, aus der Rahm, Butter und Käse gewonnen werden könnten, träumen von einem besseren, einem friedlichen Leben. Der See glitzert in der Abendsonne. Ob Himzija jemals in diesem See gebadet hat? Ob sie sieht, wie schön verfärbt der Herbstwald leuchtet? Ja, sie sieht es, sie liebt die Natur, ihr Kind und ihren Mann. Sie will leben. Deshalb muss sie schnell gesund werden …

Srebrenica im Schatten von Krieg und Politik

Das Buch «Das Leben kann nicht warten – Junge Frauen aus Srebrenica» hat nicht den Krieg an sich zum Thema, wohl aber seine Folgen; es spricht auch nicht direkt von der Politik, aber sehr viel von ihrer Verantwortung. Mit anderen Worten: Die Autorinnen haben neun von Krieg und Politik betroffene Schicksale minutiös in Wort und Bild nachgezeichnet. Neun befragte Frauen beschreiben ihren Ist-Zustand, ihre aktuellen Lebensumstände; ihre Träume von beziehungsweise ihre Skepsis gegenüber der Zukunft, ihrer individuellen wie der kollektiven ihrer Umgebung.

Vor dem Hintergrund der ihnen gemeinsamen Erfahrungen aus den Kriegsjahren 1992–95 in Bosnien und Herzegowina lernen wir von den neun Frauen auf diese Weise viel über Krieg und über Politik. Sie sind die lebendige Bestätigung dessen, dass es nie wieder Krieg geben darf. Dass es keinen «gerechten» Krieg gibt. Dass kein Volk, keine Nation das Recht hat, die Schwäche einer anderen Nation, eines anderen Volkes im eigenen Interesse auszunutzen. Dass kein Volk, keine Nation «besser» sein kann als jede andere. Und schließlich die letzte und am schwierigsten zu verstehende aller Lehren: dass auch Täter zugleich Opfer sind, egal, auf welcher Seite in einem Krieg. Denn die überlebenden Opfer wie die Täter bleiben für den Rest ihres zivilen Lebens zutiefst traumatisierte Mitbürgerinnen und Mitbürger. Und stellen so die gesamte Gemeinschaft, in der sie leben und aus der sie stammen, vor neue, sehr große Aufgaben. Diese Tatsache aber muss eine Gesellschaft erst erkennen, um sie bewältigen zu können. Auch davon handelt dieses Buch.

Srebrenica und die internationale Politik

Alle neun Frauen wurden persönlich direkt oder indirekt von dem unfassbaren Drama betroffen, das sich im Sommer 1995 in dem Städtchen Srebrenica abspielte. Die zur UNO-Schutzzone erklärte Region wurde trotz der Anwesenheit internationaler Truppen von serbischen Armeeeinheiten überrannt. Fast zehntausend unbewaffnete Männer, Jugendliche und Kinder wurden unter dem Kommando des Generals Ratko Mladić festgenommen und etwa 7000 bis 8000* von ihnen im Laufe der folgenden Tage «hingerichtet». Später aufgetauchte Dokumentarfilme zeigen unter anderem den (bis heute flüchtigen Verbrecher) Mladić, wie er einem muslimischen Knaben den Kopf streichelt – und ihm offenbar versichert, er brauche keine Angst zu haben. Die Reaktionen auf Seiten der entsetzten UNO-Zentrale auf die unfassbare Passivität ihrer eigenen Soldaten, die sich damit eine schwere moralische Last aufluden, waren ebenso ohnmächtig wie politisch diffus.

Trotz allem war es «der Fall Srebrenica», der im vierten Jahr dieses blutigen und hemmungslos geführten Krieges endlich die internationale Öffentlichkeit weckte und zu einer gewissen Aktivität motivierte. Es wirkte fast wie ein (wenn auch unbewusster) Hohn, wenn sich in der Folge der Senat des amerikanischen Kongresses entschloss, das Waffenembargo gegen Bosnien und Herzegowina aufzuheben!

Umso unverständlicher ist es, dass es zwar in den ersten Monaten zahlreiche Angebote und humanitäre Initiativen aus vielen Ländern gab, um den überlebenden Opfern in Srebrenica, allen voran den Witwen und Waisen, zu helfen, den Schock zu überwinden und zu einem «normalen» Leben zurückzufinden – dass schließlich aber nur wenig von all dem realisiert worden ist. Es hat den Anschein, dass die internationale Öffentlichkeit nicht mehr an «den erschütternden Fall Srebrenica» erinnert werden möchte. Diese Erfahrung der Frauen gilt sowohl für das Ausland als auch für Bosnien und Herzegowina als Staat (der ja trotz allem zumindest formal existiert): Auch hier ziehen die Verantwortlichen es offensichtlich vor, den eigenen Kopf in den Sand zu stecken. Es dauerte fast zehn Jahre, bevor die Frauen von Srebrenica einen Verein gründen konnten, der ihre existentiellen, gesundheitlichen und sozialen Bedürfnisse und Forderungen artikulieren soll gegenüber Behörden und Institutionen.

Der Krieg und die Frauen

Leider reicht die Erfahrung der Frauen zum grässlichen Thema «Vergewaltigung» weit zurück in die Vergangenheit. Aus Gründen, die wohl so vielschichtig sind, dass diverse wissenschaftliche Disziplinen dazu Untersuchungen anstellen müssten, haben kriegerische Auseinandersetzungen auf allen Kontinenten zu allen Zeiten in ihrer Folge die Frauen der Feinde als Beute betrachtet und behandelt. Eine Beute, die den Siegern auf Leben und Tod schutzlos ausgeliefert ist. Wir wissen bis in die Neuzeit kaum von einem Krieg, in oder nach dem diese Form der Zerstörung von Menschen, des sozialen Systems, des Selbstbewusstseins der Frauen und ihrer Männer, nicht eingesetzt worden wäre. So im Zweiten Weltkrieg 1939–45 und nun wieder in Bosnien und Herzegowina 1992–95.
Trotzdem bedeutet der Fall Srebrenica eine wohl noch nie dagewesene Dimension der Tragödie von Frauen als Opfer des Krieges. Hier wurde von einem Tag auf den anderen, ohne jegliche Vorwarnung, in Anwesenheit der UNO und damit vor den Augen der Weltöffentlichkeit das normale Leben von Zehntausenden von Müttern, Schwestern, Töchtern, Ehefrauen radikal zerstört. Der Alltag einer bevölkerten Region lag mit dramatischer Plötzlichkeit fast ausschließlich in den Händen von Frauen unterschiedlichen Alters und Bildungsgrades, unterschiedlicher Lebenserfahrung – ein Tatbestand, der als solcher bis heute weder in Bosnien und Herzegowina noch außerhalb davon wirklich wahrgenommen wurde. Den Frauen fehlten die Männer – in der Liebe, bei gemeinsamen Aufgaben des täglichen Lebens, bei der Erziehung der Kinder. Den Kindern fehlten die Väter, die Lehrer, und den jungen Frauen die künftigen Männer. Dazu kommt, dass ihr Schmerz, ihr Zorn, ihr Aufbegehren gegen das Schicksal sozusagen zielgerade auf die Täter gerichtet sind, auf die Verantwortlichen, die diese grauenvollen Befehle erteilt hatten – ohne ihrer konkret habhaft werden zu können. Einige Namen kennt inzwischen die ganze Welt. Von einer großen Zahl Exekutoren dürfte die Identität zweifellos zumindest im lokalen Bereich weitgehend bekannt sein. Mladić und Milosević! Der eine

wird von Menschen seinesgleichen offensichtlich geschützt vor dem Weg zu Gericht, denn er ist der Einzige, der die hundertprozentige «Wahrheit» über die Verantwortung von Milosević und Karadžić für die einzelnen Verbrechen im «bosnischen» Krieg aussagen kann – der andere ist gestorben und nicht mehr erreichbar für die Justiz. Es wird vermutlich noch Jahre dauern, bis dieser Todesfall innerhalb der Mauern eines Sicherheitstraktes in Den Haag befriedigende Antworten auf eine Reihe von Fragen möglich machen wird.

Für die Opfer von Srebrenica aber ist es geradezu ein weiterer Schicksalsschlag, dass die Sühne für die Verbrechen nicht eindeutig den Schuldigen auferlegt werden kann, dass sie, die überlebenden Opfer, nicht schwarz auf weiß die Urteile über Massenmord sehen werden – um damit zumindest einen Teil des Grauens, mit dem sie leben müssen, überwinden zu können. Das ist ein zusätzliches Trauma in den Seelen der trauernden Frauen.

Es bedurfte also eines Skandals – und Massenmordes –, bevor sich die internationale Politik der Großmächte auf Friedensverhandlungen einigen konnte. Das Dayton-Abkommen beendete im Winter desselben Jahres den Krieg in Bosnien und Herzegowina – stellte aber keine Weichen für eine Zukunft des Staates im Frieden. Vereinfacht zusammengefasst lauten die Konsequenzen: Gebietseroberungen mit Mord und Brutalität wurden in diesem Abkommen belohnt, entsprechende Verbrechen politisch nicht bestraft, den Opfern keinerlei Hilfe in Aussicht gestellt, eine Teilung des Landes und die Grundzüge einer «ethnischen Säuberung», die es vor diesem Krieg nicht gab, wurden zementiert. Die Entflechtungen im militärischen Bereich wurden umgesetzt – Bosnien und Herzegowina wurde zu diesem Zweck de facto von internationalen «friedenssichernden» Truppen besetzt. Es wurden politische Grundlagen für den künftigen Staat nach westlichen Kriterien festgelegt, die für die Entwicklung einer Nachkriegsgesellschaft, deren Wirtschaft und soziale Struktur total zerstört worden waren, keine pragmatische Unterstützung boten. Mit zehn Kantonen und ihren jeweiligen Machtstrukturen und -privilegien stagniert jeder Fortschritt; nationalistische Parteien können unter den gegebenen Umständen der Armut, Arbeits- und Perspektivlosigkeit für die überwiegende Mehrheit der Bevölkerung (noch immer gibt es 60 bis 80 Prozent arbeitslose Jugendliche) ihre Positionen, nicht zuletzt durch wiederholte «Wahlen» nach westdemokratischem Vorbild, ungestört behaupten. Für die Wählerinnen und Wähler gibt es keine reale Wahl als diejenige, die bestehende lokale «Macht» zu erhalten.

Wieder zusammenfassend und vereinfachend dargestellt bedeutet die Realität der Nachkriegserfahrung für die Menschen in Bosnien und Herzegowina, dass sie erstens kein Vertrauen weder in die internationale Politik noch in die internationale Präsenz im Lande selbst nähren können. Sie müssen tatenlos zusehen, dass eine große Zahl von Ausländern für die Inländer kaum oder überhaupt nicht erkennbare Aufgaben erfüllen und dafür sehr gute Gehälter beziehen – während gleich qualifizierte Inländer bei diesen Institutionen zwar einen Arbeitsplatz gefunden haben, dafür aber beträchtlich schlechter bezahlt werden. Wenn die Ausländer eines Tages abziehen, sind diese Arbeitsplätze ersatzlos verloren – es bleibt aber der Neid der weniger begünstigten Landsleute.

Niemand von außen scheint sich die Mühe zu machen, das Land und sein Schicksal erst zu verstehen und dann im Rahmen der Politik für das Land aktiv zu werden. Von innen herrschen Korruption in praktisch allen Bereichen ebenso vor wie wachsende Armut, da es von außen kaum Unterstützung für die Entwicklung einer Binnenwirtschaft gibt. Dafür aber jede Menge von Importen und Methoden, an denen die Wirtschaft, in erster Linie die Wirtschaft des Auslands, verdient.

Junge Menschen sehen keine Alternativen – nur in der Auswanderung in welches fremde Land auch immer. Die Alten – vor allem auf dem Land –, denen die soziale Infrastruktur (medizinische Versorgung, Altersheime u.Ä.) fehlt, sehen mit wachsender Wehmut zurück auf die Zeiten vor dem Krieg. Liebe und Bewunderung für Tito und sein «gemeinsames Jugoslawien» wachsen proportional mit der Erfahrung des Heute.

Opfer und Täter

Das größte aller Probleme aber ist eine – pathetisch gesagt – innere Vereinsamung der Menschen. Und zugleich ein Problem, das nicht einmal wahrgenommen wird. Gerade in Bosnien und Herzegowina gab es vor dem Krieg die höchste Zahl so genannter «Mischehen». Das heißt, dass Eltern und Kinder – zum Beispiel eine Seite kroatisch-römisch-katholisch, die andere Seite muslimisch oder serbisch-orthodox – durch diesen Krieg

in einen Zwiespalt geworfen wurden, der sie einerseits zwangsläufig zu Opfern stempelte, und ihnen andererseits das eigene Gefühl einer Zugehörigkeit nahm. Die Absurditäten des Dayton-Abkommens (mit der Aufteilung des Staates in zwei Entitäten – die bosniakisch-kroatische Föderation von Bosnien und Herzegowina und die Republika Srpska – sowie den selbstverwalteten Brčko-Distrikt, der direkt der Zentralregierung untersteht) machten es zudem möglich, dass die Kroaten in Bosnien und Herzegowina Zagreb als ihre Hauptstadt sehen und nicht Sarajevo, und entsprechend die Serben Belgrad. Während die Serben in Bosnien und Herzegowina zwar unter der teilweisen Isolation Serbiens innerhalb der internationalen Politik mitzuleiden hatten und haben, durften sich die bosnischen Kroaten darüber freuen, mit eigenem kroatischen Pass visumfrei ins westliche Ausland reisen zu können. Die «Bosnjaken» hingegen blieben ohne Mutter- oder Vaterland, darum mussten sie sich logischerweise auf die Hauptstadt Sarajevo als «ihre» Heimat konzentrieren, was wiederum ein Problem wurde für die Entwicklung eines gemeinsamen Staates, eines gesamten Bosnien und Herzegowina.
Dieses Identitätsdilemma – gefördert auch durch Fragebögen für Auslandaufenthalte und diverse Verwaltungsbestimmungen – prägt auch diejenigen Flüchtlinge und Vertriebenen, die nicht in ihre Heimat, die keine mehr ist, zurückkehrten, freiwillig oder unfreiwillig. Traditionell enge Familienbande, die für die ältere wie für die junge Generation einen wesentlichen sozialen und emotionalen Halt bedeuteten, verflüchtigen sich. Wenn die Alten zumindest in ihrer engen Heimat sterben wollen, wenn die Jungen in der neuen Umgebung, in die sie flohen, integriert oder sogar assimiliert sind – dann trennen sich ihre Wege, der familiäre Zusammenhalt löst sich auf.
Kommt es zu einer unfreiwilligen Rückführung in die alte Heimat, sind die mentalen Schäden noch um vieles schwerwiegender. Auch hier tragen beziehungsweise trugen diejenigen Gastländer, die dafür verantwortlich zeichneten, erheblich zu den heutigen Problemen in Bosnien und Herzegowina bei. Es gab keine zentrale Institution, die die Interessen und Bedürfnisse der Rückkehrer wahrnahm. Sehr langsam und zögernd entstehen halbherzige Initiativen in diese Richtung. Die zurückkehrenden Menschen waren und sind den lokalen Strukturen ausgeliefert, sie bekom-

men als Letzte die Chance auf einen Arbeitsplatz, für sie sind Arztbesuche und Spitalaufenthalte besonders teuer. Denn, wer vor dem Schrecken des Krieges davonlief – so die übliche Terminologie gegenüber den Flüchtlingen – lebte «im goldenen Westen, während wir hier den Krieg erlitten». Humanitäre Hilfe aus dem Ausland gibt es zwar vor allem auf individueller Basis, sie kann nicht viel mehr bringen als Häuser zu renovieren, neu zu bauen, Hühner, Schafe, Kühe, Ziegen, Obstbäume und Brennholz zu liefern und Ähnliches mehr.

Alles sehr, sehr nützlich, aber nicht flächendeckend. Ersatz für die Heimat, die die Rückkehrer nicht mehr vorfanden, könnten höchstens «eigene» Institutionen – wenn es sie denn gäbe – bieten, weil nur sie Hintergründe und Mentalität verstehen.

Aber noch ein Thema muss die Öffentlichkeit und müssen die Behörden in Bosnien und Herzegowina eines Tages erkennen und in Angriff nehmen: die große Zahl der Täter während des Krieges. Es hatte lange gedauert, bevor die «Veteranen» nach dem Ende des Krieges einigermaßen resozialisiert waren in ein ziviles Leben. Hatte man schon die mentalen Schäden, die tiefen Traumata der Frauen in Srebrenica, der vergewaltigten Frauen aus allen drei Bevölkerungsgruppen in Bosnien und Herzegowina nicht grundsätzlich wahrgenommen und entsprechend therapeutisch betreut – so noch viel weniger die komplexere Tatsache, dass auch die «Täter» in einem Krieg traumatisierte Menschen sind.

Für jeden Soldaten im Krieg bedarf Töten zuerst des Überwindens einer Hemmschwelle, bevor es zur Routine im Geiste des Befehlsgehorsams, des Selbsterhaltungstriebes und der Verteidigung der unmittelbaren Heimat und Familie geworden ist. Kein Mensch, der den Krieg mit all seinen Brutalitäten, Grausamkeiten, Zufällen und Gefahren überlebt hat, ist der gleiche, der er vor dem Krieg war. Das gilt in besonderem Maße für jene, die zivile Bevölkerung mit Waffen angreifen mussten, und in hohem Maße für diejenigen, die an «Massenhinrichtungen» beteiligt waren, wie zum Beispiel im Fall von Srebrenica.

Es steht außer jeder Frage, dass ein solcher «Täter», der unbewaffnete «angebliche» Feinde «unschädlich» machen musste, nicht von sich behaupten kann, nicht gewusst zu haben, dass er Väter, Ehemänner, Söhne, Kinder umbringt. Sehr viele dieser Opfer werden um ihr Leben, oder zumindest um das Leben ihrer Väter oder Kinder, gefleht haben; sie haben geschrien, geweint, gebetet – Bilder und Töne, die von den Tätern kaum je in ihrem zivilen Leben tatsächlich gelöscht werden können. Aber sie, die Täter, sind heute weitgehend anonyme Teile der zivilen Gesellschaft. Was spielt sich wohl seither vor dem Hintergrund solcher Kriegserfahrung – zum Beispiel der Vergewaltigung von Frauen, von Mädchen, auch von Kindern – in den Familien, in den Ehen, am Stammtisch in der Kneipe, bei Begegnungen mit Augenzeugen psychologisch ab? Was sind die Folgen innerhalb der Gesellschaft insgesamt? Wie viele psychische oder physische Abnormitäten, wie viele ursächlich nicht erkannte Krankheiten bleiben ungeheilt? Das sind Fragen, denen sich die Verantwortlichen in der betreffenden Gesellschaft irgendwann stellen müssten.

Ein großartiger Film – er erhielt den «Goldenen Bären» auf der Berlinale in Berlin 2006 – hat dieses Tabu gebrochen: Die bosnische Regisseurin Jasmila Zbanić hat mit einer klaren Erzählung das Thema der Vergewaltigungen während des Krieges in Bosnien und Herzegowina und deren Folgen noch zwölf Jahre danach aufgegriffen. Es ist ihr gelungen, mit emotional-bewegenden und dennoch knappen Dialogen zu überzeugen. Das zeigt sich auch unter anderem darin, dass ihr von serbischer Seite vorgeworfen wird, einen antiserbischen Film gemacht zu haben. Gegen diesen Vorwurf spricht allein schon, dass die Hauptdarstellerin Mirjana Karanović – alias Esma, die zusammen mit ihrer zwölfjährigen Tochter, der sie die Wahrheit über ihren «Vater» nicht erzählt hat, in Sarajevo lebt – eine sehr bekannte Schauspielerin aus Serbien ist. Sie spielt diese Rolle mit einer Intensität, die angesichts der Schwere des Frauenschicksals, das sie darzustellen hat, fast unglaublich erscheint. Das aber ist in sich ein Zeugnis dafür, dass der Film es verstanden hat, eine menschliche Tragödie an sich zu schildern – und zugleich einen Protest gegen den Krieg an sich. Auch die Täterseite wird mit einer dezenten Differenzierung behandelt: Die Atmosphäre in einer Kneipe, in der sich vor allem Männer lärmend, saufend, rauchend und prahlend zusammenfinden – und mit jungen Frauen, denen alles egal ist, die aber auch um ihre Existenz kämpfen müssen –, ist beklemmend. Nicht zuletzt deshalb, weil es auch hier gelingt, zwischen den «Bösen» und den «Guten» zu unterscheiden, wobei aus begreiflichen Gründen die Zahl Letzterer genau genommen auf einen beschränkt bleibt. Mit diesem einen aber entwickelt sich eine Beziehung, eine unerfüllte Liebe, die von einem außerordentlichen psychologischen Wissen über menschliche Spielarten zum Thema «Liebe» geprägt ist. Überdies versteht es der Film, das Publikum trotz allem auch zum Lachen zu bringen, obwohl manche Pointen der Regie eigentlich nur für Insider ganz verständlich sind. Im Film sozusagen verborgen sind eine Reihe von Liebesbeziehungen in ihren Andeutungen – und schließlich erlaubt das Ende eine gewisse Hoffnung zumindest für die Zukunft von Mutter und Tochter. Ganz abgesehen von der Kriegs- und Vergewaltigungsthematik ist der Film zudem beinahe eine Analyse frauenspezifischer Solidarität, wie es sie in Bosnien und Herzegowina besonders nach dem Krieg gegeben hat; einer Solidarität, die darüber hinaus typisch ist für die Erfahrungen von Frauen im gesamten südosteuropäischen Raum.

Der originale Titel «Grbavica» nach einem Vorort von Sarajevo, der im Krieg von Serben besetzt war, wurde – weil schwer auszusprechen – in anderen Ländern geändert. Der Film hat die Aufgabe und alle Möglichkeiten, mit seiner Botschaft zur Enttabuisierung des Dramas – das vor allem den Frauen und den Kindern als Opfer das Leben erschwert – alle Menschen zu erreichen, nicht nur jene aus Bosnien und Herzegowina und dem ehemaligen Jugoslawien. Jeder und jede, wer immer diesen Film sieht, wird besser verstehen, was dieser Krieg in einem europäischen Land am Ende des an zwei europäischen Weltkriegen reichen 20. Jahrhunderts auch innerhalb der zivilen Gesellschaft angerichtet hat. Wenn das verstanden wird, sollte eine bewusste Sensibilisierung gegenüber den spezifischen Traumatas von Frauen in einer immer noch weitgehend von Männern regierten Welt möglich werden.

So, wie auch dieses Buch einen Beitrag dazu leisten will – es ist ihm Erfolg zu wünschen!

Christine von Kohl
Wien, im August 2006

*Das IKRK spricht von 7294 Vermissten (berücksichtigt aber nur jene Menschen, die von Angehörigen als vermisst gemeldet wurden), die Müttervereine von Srebrenica zählen 10701 Vermisste (Quelle: Gesellschaft für bedrohte Völker, Sarajevo).

Nachwort

Dass wir nach Srebrenica gekommen sind, verdanken wir einer zufälligen Begegnung. Wir besuchten Bosnien und Herzegowina, sprachen in Sarajevo mit Vertreterinnen einer bosnischen Frauen-Dachorganisation – und trafen bei dieser Gelegenheit zwei Frauen aus Srebrenica. Sie forderten uns auf – die Wortwahl ist bewusst, sie luden uns nicht ein, nein, es war nichts Gastfreundliches, nichts Liebenswürdiges in ihrer Rede, da waren nur Bitterkeit und Leid und Anklage – sie forderten uns auf, nach Srebrenica zu reisen. Wir sollten nicht in Sarajevo verharren, wo vieles wieder aufgebaut worden war, wo es Leben gab und ein Stück Normalität, sondern nach Srebrenica kommen. Weil die Situation dort nach wie vor schrecklich sei, wie sie damals erklärten, weil alle wissen sollen, was dort passiert ist.

Wir versprachen, nach Srebrenica zu kommen, in «dieses vom Schicksal gebeutelte Städtchen im Gebirge, außerhalb der Hauptverkehrswege gelegen, in einer Gegend voller Armut und Provinzialität».[1] Doch nicht nur für einen Tag wollten wir recherchieren und fotografieren, sondern länger, intensiver. Wir versprachen, zu einem späteren Zeitpunkt wieder zu kommen und darüber zu berichten, wie die Menschen leben. Um dazu beizutragen, dass nicht vergessen wird.

Natürlich wussten wir, was in Srebrenica passiert war, wussten vom Genozid vom Juli 1995, vom Nichteingreifen von UNO und NATO, wussten von den Tausenden bosniakischer Männer, die von serbischen Nationalisten hingerichtet, regelrecht abgeschlachtet worden, und den Tausenden Frauen und Kindern, die deportiert worden waren. Und doch waren wir nicht vorbereitet auf das, was wir in dieser Gemeinde in Ostbosnien neun Jahre nach Kriegsende antreffen sollten: Leid und Armut, diese grenzenlose Hoffnungslosigkeit, die unendliche Trauer.

«Die ermordeten Männer, jene, die von uns gegangen sind – sie ereilte der Tod schnell. Wir zurückgelassenen Frauen sind in unseren Herzen auch tot, aber es ist ein langsames Sterben ...» [2]

Dieses langsame Sterben sagen einige der Bewohnerinnen und Bewohner auch der Stadt, der Gemeinde Srebrenica voraus. Weil von den Millionen, die an internationalen Hilfsgeldern in diese Gemeinde geflossen sind, wenig zu sehen ist, weil zwar einiges für die Infrastruktur, aber wenig für die Menschen getan wird, weil es nach wie vor kaum gelungen ist, Investoren zu finden. In den zahlreichen Gesprächen in Srebrenica wurde eines klar: Die Angehörigen der Opfer fordern Gerechtigkeit. Es ist ihnen zu wenig, dass UNO-Generalsekretär Kofi Annan die Mitschuld der internationalen Gemeinschaft eingestand, dass er Srebrenica als «größte Schande in der Geschichte der Vereinten Nationen» bezeichnete. Es ist zu wenig, dass die internationale Gemeinschaft das Verbrechen von Srebrenica offiziell als Völkermord bezeichnet hat. Und es ist zu wenig, dass sowohl die Regierung von Serbien als auch diejenige der Republika Srpska im Herbst 2004 offiziell zugegeben haben, dass in Srebrenica ein Genozid stattgefunden hat.

Die Angehörigen der Ermordeten wollen nicht länger hinnehmen, dass die Leichen ihrer Väter, Ehemänner und Söhne in Massengräbern oder Kühlhallen liegen, während diejenigen, die den Befehl für dieses Verbrechen gegeben haben, weiterhin bei ihren Familien leben dürfen, als Kriegshelden verehrt und beschützt und versteckt werden. Die Menschen in Srebrenica verlangen, dass die Mörder für ihre Taten zur Verantwortung gezogen werden.

Wir verbrachten in Srebrenica trotzdem viele schöne Stunden, Tage und Wochen. Wir lernten wunderbare Menschen kennen. Während intensiver Gespräche mit Frauen und Männern in Srebrenica stellten wir fest, dass der Wiederaufbau vor allem auf den Schultern der Frauen liegt. Ihr Leben interessierte uns. Wir sprachen mit Müttern und Bäuerinnen, Studentinnen und Köchinnen, mit Erwerbslosen und Selbstversorgerinnen. Sie erzählten uns ihre Geschichten, ihre Sorgen und Nöte, sie blendeten in die schreckliche Vergangenheit zurück – und schilderten uns ihre Träume und Sehnsüchte. Und sie waren bereit, sich fotografieren zu lassen. Bei unseren Recherchen legten wir das Schwergewicht auf die jungen Frauen, von denen in Srebrenica nur wenige leben. Gefunden haben wir sie über die Vermittlung der Hilfsorganisationen «Bauern helfen Bauern» und «Bos-Fam», oder aber durch Zufall. Wir hielten ihre Geschichten in Wort und Bild fest. Es sind subjektive Geschichten.

Sämtliche Gespräche wurden auf Bosnisch geführt. Dass im Rahmen der Aufzeichnungen – durch die Übersetzung einerseits und durch die subjektive Wahrnehmung der Autorin andererseits – Wichtiges leicht verändert worden oder vergessen gegangen ist, können wir nicht ausschließen. Wir haben uns bemüht, das wiederzugeben, was wir gehört und gesehen haben, was uns übersetzt worden ist.

Wir haben versucht, anhand von neun individuellen Geschichten eine Geschichte zu erzählen. Wir haben unseren Blick dorthin gerichtet, wo die Scheinwerfer der Weltmedien nicht mehr blenden, wo ausländische Journalistinnen und Journalisten nur noch selten hinkommen, weil sich die Situation in den letzten zehn Jahren kaum verändert hat. Die Porträts dieser jungen Frauen sollen, das hoffen wir, ein wenig dazu beitragen, dass die Menschen in Srebrenica nicht erneut vergessen werden.

Renate Metzger-Breitenfellner
Jutta Vogel
Luzern, im August 2006

[1] Gojko Beric: Ein Feld weißer Grabsteine. In: Heinrich Böll Stiftung (Hrsg): Srebrenica. Erinnerung für die Zukunft. Berlin 2005.

[2] Aus: Swanee Hunt: This Was Not Our War: Bosnian Women Reclaiming the Peace. Durham, 2004.

Herzlichen Dank

Hvala lijepo

Хвала лијепо

Das Hvala lijepo gilt vor allem Adina Purković, Azra Hasanović, Dragana Nikolić, Džemka Jusufović, Fatima Sejfić, Hanka Jusufović, Himsija Beganović, Mirjana Jovanović und Zemka Zilić. Ihnen danken wir für ihre Bereitschaft, uns ihre Geschichte mitzuteilen, für die Gastfreundschaft, für ihr Vertrauen und ihre Offenheit, und für die Stunden, die wir mit ihnen verbringen durften. Wir danken ihnen dafür, dass sie für dieses Buch nochmals zurückgeblickt, sich erneut erinnert haben – obwohl diese Erinnerung für sie schmerzlich ist und sie diese Zeit am liebsten vergessen würden.

Ein spezielles Dankeschön geht an Ermina Bosković aus Sanski Most für ihre professionelle Übersetzungsarbeit – aber auch für ihre Freundschaft. Und dafür, dass sie mit uns in den Stunden zwischen den Gesprächen sehr viel über Land und Leute in Bosnien und Herzegowina, über kulturelle Eigenarten und gesellschaftliche Hintergründe diskutiert hat.

Danken möchten wir außerdem

- Namir Porić, dem Projektmanager von «Bauern helfen Bauern» in Srebrenica, der uns auf seinen Fahrten durch das weitläufige Gemeindegebiet von Srebrenica mitnahm, der unermüdlich erzählte und erklärte, der für uns Türen öffnete und Kontakte zu den Menschen knüpfen half.

- Abdulah Purković, der uns in seiner Pension in Srebrenica immer gastfreundlich, herzlich, humorvoll und kulinarisch erstklassig umsorgte.
- Hatidža Mehmedović, der Präsidentin der Vereinigung «Mütter von Srebrenica», Beba Hadžić, der Leiterin der Hilfsorganisation «BosFam», und all den vielen Frauen, die in diesem Buch nicht namentlich erwähnt sind: Sie ließen uns in spannenden Gesprächen an ihrem Alltag teilhaben, an ihrer Geschichte und an ihrem Wissen um die Zusammenhänge.
- der österreichischen Hilfsorganisation «Bauern helfen Bauern» und CARITAS Schweiz, die uns während unserer Aufenthalte in Srebrenica großzügig unterstützten.
- allen Institutionen, die unser Projekt finanziell ermöglicht haben. Sie sind im Impressum aufgelistet. Ein Dankeschön an Cécile Bühlmann, die uns in diesem Bereich wertvolle Kontakte vermittelt hat.

Ganz herzlich danken wir auch Safeta Obhodjas, Wuppertal, und Christine von Kohl, Wien, für die Mitarbeit an diesem Buch. Ihre Beiträge sorgen dafür, dass die Leserinnen und Leser die Porträts in einen größeren Zusammenhang stellen, politisch und historisch einordnen können.

Und schließlich danken wir unseren Liebsten – dafür, dass sie sich hinter uns, unsere Idee und unser Anliegen gestellt, uns immer wieder ermutigt und uns ideell und finanziell unterstützt haben.

Renate Metzger-Breitenfellner
Jutta Vogel

In der gleichen Reihe im rex verlag luzern erschienen:

Walther, Michael

Und es sind Menschen auf der Flucht

Zwölf Geschichten von Asylsuchenden mit «Nicht-Eintretens-Entscheid» (NEE)

ISBN 3-7252-0807-7, 192 Seiten

Zwölf Herkunfts-, Lebens- und Fallgeschichten, erzählt von Asylsuchenden mit einem Nicht-Eintretens-Entscheid, journalistisch aufbereitet als biografische Erzählung, je in Deutsch und in Englisch oder Französisch. Beeindruckende Zeugnisse, dass hinter jedem Asylsuchenden, auch wenn er nicht aufgenommen werden kann, ein Mensch steht, der oft Unglaubliches durchgemacht hat. Das Buch ist eine dokumentarische Sammlung von Lebensgeschichten in der Tradition der «Oral History» bzw. des ethnografischen narrativen Interviews. Im Zentrum steht das «Gespräch mit Betroffenen» anstelle der politischen Diskussion über das Thema. Mit der Rückübersetzung ins Englische/Französische erhalten die Erzählenden ein Stück Identität. Das Werk vermittelt Anstöße zur Frage, wieweit die biografischen Geschichten der Betroffenen plausibel und nachprüfbar sind. Thematisiert werden indirekt die kulturell unterschiedlichen Wahrheitsbegriffe in den Herkunftsländern derjenigen, die in Europa Schutz und Perspektive suchen. «Und es sind Menschen auf der Flucht» zeigt auf: Die Lebenskonzepte in Mitteleuropa entsprechen in vielem nicht denjenigen in den Fluchtländern. Und sie sind nicht die einzig möglichen. Die Erzählenden stammen vorwiegend aus Schwarzafrika. Jede Geschichte ist mit einem kritischen Anhang und einem Kontext zur politischen und gesellschaftlichen Situation im Heimatland des Erzählers oder der Erzählerin versehen.